Biblische Geschichten in der Konfirmandenarbeit

Reinhard Hübner, Ekkehard Langbein

Biblische Geschichten in der Konfirmandenarbeit

Leibhaft glauben lernen

Modelle mit Ansätzen des Bibliodramas und des Bibeltheaters

E.B. Verlag Hamburg

GEMEINDE GESTALTEN
Band 2, hrsg. von Reinhard Hübner und Ekkehard Langbein

Die Deutsche Bibliothek – CIP-Einheitsaufnahme

Biblische Geschichten in der Konfirmandenarbeit : leibhaft glauben lernen / Reinhard Hübner ; Ekkehard Langbein. – Hamburg : EB-Verl., 1997
(Gemeinde gestalten ; Bd. 2)
ISBN 3-923002-90-4

Druck und Bindung: Druckerei Lokay, Reinheim
Printed in Germany

Inhaltsverzeichnis

Zu diesem Buch

Die Konfirmandenarbeit fällt bei den Jugendlichen in eine Zeit, die durch ihre Suche nach der eigenen Identität und nach Orientierung für ihr Verhalten zu ihrer Umwelt und im Umgang mit anderen bestimmt ist. Ihr Lernen ist in diesem Zusammenhang erfahrungsbezogen. Das gilt auch für ihr Verhältnis zur Kirche und zum christlichen Glauben. Wie erleben sie Kirche und Gemeinde? Erscheint ihnen Kirche als eine Lernanstalt oder als ein Ort, wo nicht die Leistung des Einzelnen im Vordergrund steht, sondern das Angenommenwerden? Wie begegnen ihnen die Unterrichtenden? Wie erleben sie das Umgehen der Menschen in der Kirche miteinander? Wieviel Verständnis wird ihnen in ihrer schwierigen Lebensphase entgegengebracht? Welche Alternative bietet die Gemeinde und der christliche Glaube zu den sonstigen Lebenserfahrungen und Lebensformen?

Für viele Jugendliche findet in der Konfirmandenzeit die erste Begegnung mit Kirche und christlichem Glauben statt. Insofern steht die Frage nach der Gestaltung dieser Begegnung im Vordergrund. Zugleich aber dient diese Zeit dem Kennenlernen einer Kirche, die durch geprägte Formen und ihr eigene Inhalte bestimmt ist. Es ist also auch die Aufgabe, sie mit diesen Formen bekannt zu machen, ihnen Inhalte des christlichen Glaubens nahezubringen und sie mit der Bibel vertraut zu machen.

Die Frage, der wir in diesem Buch nachgehen wollen, heißt in diesem Zusammenhang:
Wie können wir den Jugendlichen die Bibel als ein Buch nahebringen, das mit ihrer Lebenswelt zu tun hat, und das heißt: mit jedem/jeder Einzelnen, als eigener Persönlichkeit, mit ihrem Verhalten in Gruppen, mit ihrem gesamten Leben in dieser Welt?

Dabei gehen wir davon aus,

o daß in der Bibel Konflikte geschildert und Fragestellungen benannt werden, die heute in gleicher Weise wie damals aktuell sind. Antworten werden angeboten, die ungewöhnlich sind, neue Möglichkeiten zum Leben erschließen und durch die die Zuwendung Gottes zu den Menschen hindurch leuchtet.

Wir gehen davon aus,

- daß die biblischen Geschichten eine Kraft besitzen, die auch heute noch beunruhigt, bewegt und ermutigt.

Konkret stellt sich die Frage:

- Wie kann ich die Themen in den biblischen Geschichten entdecken, die die Jugendlichen angehen?

Oder:

- Wie komme ich an die Themen der Jugendlichen heran, von denen aus ich biblische Geschichten befragen kann und wie arbeite ich mit diesen Themen?

Wir versuchen, uns diesen Fragen mit den Ansätzen des Bibliodramas und des Bibeltheaters zu nähern. Beides sind gestalterische Ansätze, bei denen die schöpferische Phantasie der Jugendlichen angesprochen wird und Assoziationen aus ihrer Erlebniswelt sowie ihre Wünsche und Träume in die Auseinandersetzung mit dem biblischen Text einbezogen werden.

Bei diesem Ansatz sind die KonfirmandInnen am Entdecken der biblischen Botschaft beteiligt. Die LeiterInnen geben die Ergebnisse nicht vor, die KonfirmandInnen haben nicht zu lernen, was ihnen als Interpretation, als Ergebnisse der Unterrichtenden mitgeteilt wird. Sie sind in den Prozeß des "Glaubenlernens" mit ihren unterschiedlichen Erfahrungen und Fähigkeiten und mit ihrer ganzen Person, ihrem Körper und ihrer Phantasie, ihrem Denken und all ihren Sinnen einbezogen. Das meint "leibhaft Glauben lernen". In solchen Prozessen werden die Themen der Jugendlichen im wörtlichen Sinne sichtbar und mit den biblischen Geschichten ins Gespräch gebracht.

So kann es geschehen, daß die biblischen Geschichten für die KonfirmandInnen lebendig werden, sie zum Leben ermutigen und ihnen Momente von Hoffnung, Liebe, Glaube erschließen. Das setzt voraus, daß die KonfirmandInnen mit ihren Assoziationen und Beiträgen ernstgenommen werden, so daß sie ein Selbstwertgefühl entwickeln können. Dazu gehört, daß die KonfirmandInnen lernen, in einer Gruppe zu leben und Verantwortung zu übernehmen, andere mit ihren Meinungen und Bildern zu akzeptieren, so wie sie selbst mit ihren Beiträgen akzeptiert werden.

Dieses Buch gibt exemplarische Anregungen, mit den genannten Ansätzen zu arbeiten.
Es weist auf Voraussetzungen hin, die für diese Arbeit grundlegend sind und führt in die Arbeitsmöglichkeiten mit kreativen Medien ein. Es werden unterschiedliche Arbeitsmodelle beschrieben und reflektiert, bei denen es um Varianten der Möglichkeit geht, biblische Geschichten in Beziehung zur Erlebniswelt der Jugendlichen zu setzen.

Die einzelnen Elemente aus den Modellen können für sich genommen und sinnvoll in die Arbeit mit KonfirmandInnen einbezogen werden. Die Modelle sind zwar in der Regel längerfristig angelegt, können aber auch in kürzere Einheiten aufgeteilt werden.

Alle Übungen und Projekte, die in diesem Buch beschrieben werden, sind von uns in der Praxis erprobt worden, einige der Projekte wurden gemeinsam durchgeführt. Die Auswertung der Modelle und die Reflexion unserer Arbeitsansätze wurden bis in die schriftliche Form hinein von uns im Gespräch miteinander entwickelt und geklärt.

Das Dilemma der Entscheidung für die männliche oder weibliche Form bzw. die Verbindung von beiden in einer Formulierung haben wir dergestalt zu lösen versucht, daß wir - im Wechsel - mal die weibliche, mal die männliche und mal die verbindende Form gewählt haben. Vielleicht trägt ein derartiger Umgang mit Sprache dazu bei, auch das Denken ein wenig aufzulockern.

Für wichtige Impulse und anregende Zusammenarbeit danken wir besonders Magdalena Caspari und Ellen Kubitza.

Hamburg, im April 1997

Reinhard Hübner

Ekkehard Langbein

GRUND LEGEN: LEIBHAFTIG SEIN

Einführung: Erfahrung durch Spielen, Gestalten, Ausdrücken

Die Erfahrungswelt der Jugendlichen in eine Beziehung zu den Bildern, Geschichten und Symbolen der Bibel zu bringen, das ist es, worauf es uns in unserer Arbeit ankommt. Es gibt über die Erfahrungswelt(-en) von Jugendlichen im Konfirmandenalter grundlegende Untersuchungen; ebenso über die Fragen pädagogischer Vermittlung biblischer Geschichten und Symbole in dieses Alter hinein. Wir haben in einer lang entwickelten eigenen Praxis erfahren, daß mit den Ansätzen des Bibeltheaters eine Vermittlung ermöglicht wird, die den biblischen Texten und der Erfahrungswelt der Jugendlichen gleichermaßen gerecht werden kann. Denn in den Ansätzen des Bibeltheaters geht es grundsätzlich darum, die Bilder einer Geschichte in einen Dialog zu bringen, mit den Bildern, die sie in den Menschen hervorruft. So entsteht Raum für eine eigene, aktive Auseinandersetzung. Dieser Weg bedeutet ein grundlegendes, doppeltes Vertrauen: Vertrauen in die Kraft biblischer Überlieferung und Vertrauen in die Entdeckungsfähigkeit der Menschen. "Wahrheit" ereignet sich in der Begegnung von beidem, sie ist in diesem Dialog immer neu zu entdecken und aktiv anzueignen.

Bibeltheater bedeutet *prozeßorientierte Arbeit*. Es geht darum,

- o eine Auseinandersetzung der Jugendlichen mit biblischen Inhalten zu suchen und zu initiieren;
- o dabei auf die Bildkraft und Erfahrungstiefe biblischer Geschichten ebenso zu vertrauen wie auf die Bildkraft und die Ausdrucksfähigkeit von Jugendlichen.

Wahrnehmungen und Beobachtung der Situation von Jugendlichen und Analysen gesellschaftlicher Trends verweisen darauf, daß die *Wahrnehmungsfrage* sich vor die Wahrheitsfrage schiebt. "Nur was wahrgenommen wird, ist überhaupt existent, und wahrgenommen werden wird zum Überlebensprinzip ... Was nicht auffällt, wird nicht wahrgenommen und nicht gewußt." (1) In der Konsequenz für die Konfirmandenarbeit bedeutet dies: Raum für die Wahrnehmung des Einzelnen an sich selbst, an der Gruppe und in Beziehung zur Gruppe zu ermöglichen, keine Flucht in sogenannte "Erlebniskonzepte" und kein Stehenbleiben bei nur diskursiven Methoden, sondern eine Verstärkung

o *meditativer Aneignung* und

o *gestalterisch-spielerischer Themenklärung.*

> ***"Nur das Symbol hat echtes Sein im Geiste, das echt Sein im Leibe hat ... "***
> ***Martin Buber***

Die Methoden des Bibeltheaters ermöglichen den Jugendlichen in der Konfirmandenzeit, sich einzubringen und in einer lebendigen Beziehung zur Gruppe zu sein, wahrgenommen zu werden und wahrnehmen zu üben, Momente aus dem eigenen Leben in einem Zusammenhang biblischer Texte durchzuarbeiten. Dies geschieht in Geschichten, mit Bildern, mit Medien.

"Leibhaft glauben lernen" bedeutet in erster Linie, daß solch *erfahrungsorientiertes Arbeiten* in der Konfirmandenzeit Raum erhält. Wir sprechen bewußt von *Ansätzen* des Bibeltheaters, weil es nicht nur darum geht, ganze Theaterstücke zu kreieren. Es geht um einen Weg der Begegnung biblischer Geschichten mit der Erfahrungswelt der Jugendlichen, der in seinen Wegstrecken verschieden lang gestaltet werden kann. Bleibt das Geschehen in der Gruppe, so entspricht das Arbeiten mit den hier angeführten Ansätzen Elementen des Bibliodramas. Geht das Geschehen

darüber hinaus - in eine Präsentation unter der Frage: Was wollen wir von dem Erarbeiteten wie zu einer Darstellung bringen? -, so geschieht eine Weiterführung ins Bibeltheater. Wiederum können die Arbeitsschritte zu einer Präsentation unterschiedlich umfangreich sein: Von der Präzision an der Arbeit einer Statuengruppe über kleine Veränderungsszenen bis hin zur Ausarbeitung eines Spielstücks. In jedem Falle gilt: Die Arbeit an einer Präsentation ist niemals nur Anhängsel an die inhaltliche Arbeit des Gruppengeschehens. Arbeit an der Präsentation - die Hinzuziehung spezifischer theaterpädagogischer Fragen - bedeutet ein erneutes Durcharbeiten vorläufiger Inhalte bis hin zur Klarheit in der Gestaltung.

So zeichnen die Ansätze des Bibeltheaters in der Konfirmandenarbeit folgende Merkmale aus:

- Es geht um einen *Dialog* biblischer Inhalte, Geschichten und Symbole mit den Bildern, die diese bei den Jugendlichen hervorrufen.
- Dieser Dialog, diese Begegnung der Erfahrungswelt der Jugendlichen mit biblischen Inhalten geschieht in der "*Präsentationsebene des Körpers*". Der ganze Mensch wird ins Spiel gebracht, das entscheidende und primäre Medium des Ausdrucks ist die Sprache des Körpers, der Haltungen, der Beziehungen, der Blicke etc.
- Dabei gilt, daß die Ausdrucksebene Körper im Jugendlichenalter meist nur "vermittelt" ins Spiel gebracht werden kann: durch *Medien*. Mit Medien (wie Tuch, Stab, Maske) entsteht eine andere Art von "Vermittlung". Es tritt etwas zwischen die Personen und die Geschichte, das gerade durch dieses Dazwischentreten eine Ausdrucksmöglichkeit eröffnet.
- Durch die Dreiecksbildung "Jugendliche - biblische Geschichte - Medium" entsteht eine Möglichkeit, an biblischen Geschichten mit dem Erfahrungshintergrund der

Jugendlichen zu arbeiten bzw. sich mit dem Erfahrungshintergrund der Jugendlichen im Zusammenhang mit biblischen Geschichten auseinanderzusetzen. Ein Medium schafft eine Möglichkeit der Distanzierung. Ich kann mich ausdrücken, ohne auf mich festgelegt zu werden. Gerade dadurch ergibt sich für die Jugendlichen die Möglichkeit einer authentischen Annäherung. Das Dreieck "Jugendliche - biblische Geschichte - Medium" kann auch mit dem theaterpädagogischen Begriff der *Verfremdung* beschrieben werden. Ich kann mich ganz eingeben - mit einer Maske, einem Tuch, einer Rolle - ohne dabei auf mich als Person festgelegt und haftbar gemacht zu werden.

o Durch diese Gestaltung im Spiel können echte *Gesprächsanlässe* geschaffen werden.
Bekanntermaßen sind gedankliche Klärungen und Reflexionen über den Zusammenhang von Glaubensfragen und eigenem Leben im Konfirmandenalter besonders schwierig. Wie kann ich Jugendliche in eine solche Gesprächssituation führen? Ich muß Gesprächsanlässe schaffen, auf die sie sich beziehen können. Bei der Arbeit mit den Ansätzen des Bibeltheaters entstehen solche Gesprächsanlässe durch das Betrachten und Diskutieren der entstandenen Spielszenen wie von selbst. Das Gespräch steht damit nicht am Anfang, sondern in der Folge einer Auseinandersetzung mit dem biblischen Text.

o *Spiel* ist der Schlüssel, durch den nach unserer Erfahrung "Vermittlung" möglich wird und Klärung von Inhalten geschieht - wie nebenher, im Probieren, Erspielen, im Gruppengespräch und gegenseitiger Kritik.

Es bedarf einiger klar beschreibbarer Voraussetzungen:

- Atmosphären-Wechsel

  Gestaltung von Raum, Zeit, Struktur

- Jugendliche ins Spiel bringen

  Arbeiten mit Bewegung und Spiel.

Atmosphärenwechsel

Raum

Den Raum bereiten

Die Gestaltung des Raumes ist Voraussetzung unserer Arbeit. Störungen in der Konfirmandengruppe haben nicht nur ihre Ursache in der Befindlichkeit der Gruppe bzw. des Leiters, sondern oft schon in der Situation des Raumes. Es bedarf zur Raumgestaltung nicht eines perfekt vorgehaltenen Spezialraumes für die Konfirmandenarbeit, der in einer Gemeinde kaum vorhanden ist. Aber wenn in dem Raum, in dem abends die Haushaltsplanung der Kirchengemeinde an großen Tischen stattfindet, am folgenden Nachmittag Konfirmandentreffen ist, bedarf es für die Ziele und Anliegen der Konfirmandenarbeit eines *Atmosphärenwechsels.* Den Atmosphärenwechsel gilt es zu gestalten. Dafür Energie und Phantasie aufzuwenden, lohnt sich. Dies ist auch mit einfachen Mitteln möglich.

Beispiel

Ein Raum wird in einer Gemeinde von den Frauengruppen, den Kindergruppen, abends von einer Jugendgruppe und dem Kirchenvorstand genutzt. Bei einer Mehrfachnutzung ist es ein Problem, eigene Arbeitsergebnisse aufzubewahren bzw. deutlich zu präsentieren. Aber auch bei einem so vielfältig genutzten Raum ist es möglich, eine Atmosphäre zu schaffen und der Konfirmandengruppe einen eigenen *Ort* zu geben. Für den Konfirmandenunterricht wird ein Teppichbodenrest ausgerollt; die Tische werden im Vorraum gestapelt; im Raum die Stühle rundherum gestellt; die Raummitte ist frei, eine Kerze brennt. Die KonfirmandInnen kommen, sie wissen nach einigen Treffen, daß es zum Beginn der Konfirmandenstunden gehört, die Schuhe im Vorraum auszuziehen, da es gleich in der Konfirmandenzeit so eingeführt wurde. Die Jugendlichen haben sich zunächst gewundert, waren irritiert. Es war ihnen peinlich, ihre Statussymbole, die Schuhe ja heute bei Jugendlichen darstellen, vor der Tür stehen zu lassen. Andererseits kannten sie die Sitte, nur in Strümpfen einen Raum zu betreten durchaus von Besuchen bei Freunden oder vom Sport, wie beim Judo. Ohne Schuhe wird man verletzlicher, läßt sich auf ungewohnte Schritte mit anderen ein. Ohne Schuhe kann man aber auch freier miteinander spielen, gegebenenfalls auch toben, kann Wahrnehmungs- und Bewegungsübungen ungezwungener miteinander durchführen.

Wir geben uns eine Regel:

- Teppichboden wird für die Konfirmandenstunde ausgerollt;
- eine Kerze wird angezündet;
- der Raum wird ohne Straßenschuhe benutzt;
- die KonfirmandInnen helfen bei der Vorbereitung des Raumes mit.

Die Benutzungsregel ist den Konfirmandinnen und Konfirmanden nach einigen Malen einsichtig, und sie achten selbst auf deren Einhaltung.

Überlegung:
Durch die Anschaffung eines Teppichbodenrestes, der durch die Jugendlichen jeweils ausgerollt und am Ende wieder eingerollt wird, durch die Gestaltung einer einfachen Mitte (*ein Tuch mit Kerze und jeweils entsprechenden Gegenständen zum Thema)* und einer *Raumregel (*wir bauen gemeinsam auf und ab, wir bewegen uns im Raum ohne Straßenschuhe) ist es möglich, einen Atmosphärenwechsel herzustellen. Es muß nicht diese Form sein, in der Atmosphärenwechsel im Raum gestaltet wird. Es gibt selbstverständlich unterschiedliche Möglichkeiten.

Weitere Gestaltungsmöglichkeiten

- Thematische Raum-Vorbereitungen (etwa den Raum zu verdunkeln, um zum Thema Licht oder zum Thema Schöpfung darin zu arbeiten und an die Raumsituation anzuknüpfen);

- Raum-Installationen (einen Blickfang bzw. einen Wahrnehmungsimpuls geben durch besondere Gegenstände, durch besondere Tücher, durch die Präsentation von Arbeitsergebnissen etc.);

- Raum- bzw. Ortswechsel (es ist jeweils grundsätzlich zu überlegen, welcher Lernort für ein bestimmtes Thema am geeignetsten ist und ein inspirierendes Reizklima ermöglicht; z.B. der gemeinsame Anfang auf einer Wiese zum Thema "Schöpfung", am Fluß zum Thema "Taufe", im Kirchenraum zum Thema "Gottesdienst" etc.).

In der Regel sollte der Raum für die Konfirmandenzeit signalisieren, daß es hier geht um:

- Erfahrungen in einem geschützten, besonderen Raum
- Bewegungsmöglichkeiten und Spielhandlungen
- Konzentrationsmöglichkeiten
- Begegnungen in Offenheit

Die Atmosphäre des Raums sollte zeigen:

- hier seid ihr erwartet
- alles an Materialien im Raum (nicht mehr und nicht weniger) hat mit der gemeinsamen Arbeit, die hier stattfindet, zu tun.

Die Anordnung des Raums (Tische, Stühle, Mitte, Boden etc.) sollte deutlich machen:

- Hier ist ein Ort für eine Zeit gemeinsamen Erlebens, Verstehens und Gestaltens.
  Die Anordnung ohne Tische und Stühle im Mittelpunkt hebt sich bewußt ab von schulischen Anordnungen. Durch Regeln wird festgehalten, daß es in diesem Raum um eine gemeinsame Aufgabe geht (angefangen beim Auf- und Abbau).
- Es ist ein geschützter Raum (vgl. Gruppenregel, Gesprächsregel, Stuhlregel ...)

Wichtig ist unseres Erachtens, ein Tisch-Stuhl-Arrangement nur für spezielle Arbeitsphasen vorzubereiten.

Jugendlichen in der Konfirmandenzeit einen Raum anzubieten, heißt nicht, einen Raum ganz allein für die jeweilige Konfirmandengruppe zur Verfügung haben zu müssen, noch nicht einmal einen speziellen Raum für die gesamte Konfirmanden- bzw. Jugendarbeit. Es heißt grundsätzlich: den Raum als Voraussetzung für Konzentration, Intensität, Erwartung und Gruppengeschehen ernstzunehmen und bewußt zu *gestalten.*

Das bedeutet konkret für die *Vorbereitung*:

1. Die Überlegungen zur Raumgestaltung gehören zur Vorbereitung dazu.
2. Für die Raumanordnung ist genügend Zeit einzukalkulieren (u.U. Umräumen mit Hilfe von Mitgliedern der Konfirmandengruppe).
3. Die hier investierte Energie lohnt sich. Sie kommt zu einem zurück durch die Atmosphäre, die in der Gruppe herrscht, mit der es zu arbeiten gilt!

Zeit

Einen angemessenen Rahmen für Beteiligung schaffen

Es geht nicht nur darum, Wissensstoff zu vermitteln, sondern den Jugendlichen eigenes Erleben, Auseinandersetzen und Gestalten zu ermöglichen. Das macht längere Zusammenkünfte notwendig: doppelstündiges Arbeiten, Konfirmandennachmittage, Konfirmandentage bzw. - wochenenden. Die Jugendlichen beteiligen meint, ihnen Raum geben als Voraussetzung dafür, mit ihnen gemeinsam etwas entwickeln zu können. Das eigene Erleben, Gestalten und Auseinandersetzen ist notwendig, um in eine Lernbewegung hineinzukommen. So prozeßorientiert zu arbeiten braucht Zeit, denn es geht darum, eine Beziehung zu ermöglichen: die Beziehung bzw. Begegnung zwischen den Jugendlichen (mit ihren Hoffnungen, Sehnsüchten, Kenntnissen, Fragen, Gewißheiten, mit ihrer Kraft, ihrem Mut, mit ihrer Angst) *und* den biblischen Geschichten und ihren Bildern. Jede Beziehung braucht Zeit, um sich zu entfalten. Und das ist zunächst ganz wörtlich zu nehmen. Die Erfahrung zeigt, daß bei längeren

Zusammenkünften die Prozesse besser laufen und vertiefte Ergebnisse möglich werden. Deshalb plädieren wir dafür, längere Arbeitseinheiten in der Konfirmandenzeit einzuführen. Nur wo besondere Bedingungen es nicht erlauben, sollte man bei kurzen Treffen - eine Stunde pro Woche - bleiben. Die von uns geschilderten methodischen Schritte sind durchaus auch in kurzen Einheiten gangbar; es bedarf aber dann jeweils eines neuen Hineinkommens und eines neuen Ansatzes von dem einen zu dem anderen Schritt. Mit methodischen Hinweisen und entsprechenden Varianten weisen wir bei den Arbeitsmodellen darauf hin.

Der zeitliche Rahmen sollte ebenso wie die räumliche Gestaltung bewußt in den Blick genommen werden. Längere Einheiten schaffen einen günstigeren Rahmen für erfahrungs- und prozeßorientiertes Arbeiten. Gute Erfahrungen haben wir mit doppelstündigen Treffen und Konfirmandentagen gemacht. Sie ermöglichen im Verlauf eines Treffens, unterschiedliche Schritte und verschiedene Methoden anzuwenden. Sie lassen genügend Zeit für intensive Arbeit der Einzelnen und in der Gruppe, und auch Zeit, das Erlebte zu reflektieren. Erst durch die Verbindung mit einer gewissen *Reflexion* (Gesprächsanlässe) kann *Erlebnis* (wie Szenenspiel) zu so etwas wie einer *Erfahrung* werden. Ernstgemeinte, erfahrungsorientierte Arbeit braucht von daher einen großzügigen zeitlichen Rahmen.

Gestaltung

Den Treffen eine Struktur geben

Neben Raumvorbereitung und zeitlichem Rahmen schafft die Gestaltung der einzelnen Gruppentreffen die Voraussetzungen für einen Atmosphärenwechsel. Damit die Gruppentreffen zu einer gestalteten Zeit werden, ist es wichtig, für deren

o *Anfang* und
o *Ende*

Formen zu entwickeln und einzuüben.

Man kann hier auch von elementaren Ritualen sprechen (2). Grundsätzlich gibt es einen qualitativen Unterschied zwischen der Funktion und den Möglichkeiten eines gestalteten Anfangs und denen eines gestalteten Abschlusses.

Der Anfang hat primär die Aufgabe, eine Präsenz und Konzentration aller zu erleichtern. Am Ende geht es mehr darum, noch einmal zur Ruhe zu kommen, um eine atmosphärische Verdichtung und einen Abschluß mit spirituellen - geistlichen Dimensionen zu ermöglichen.

Formen für einen gestalteten Anfang

- In der Mitte liegt ein *Tuch* - unter Umständen in der Farbe der Kirchenjahreszeit - es brennt eine Kerze und die KonfirmandInnen setzen sich darum.

- *Gemeinsames Singen.* Das kann in Form eines Wunschkonzertes geschehen. Ideal ist es, wenn jemand dazu Gitarre spielen kann. Ratsam ist es natürlich, mit Liedmaterial zu arbeiten, das auch viele nichtkirchliche Lieder enthält, um die Jugendlichen leichter über die Schwelle des Singens zu führen. Hinweis: die Lust zu singen ist in Konfirmandengruppen sehr unterschiedlich. Den meisten fällt es in der Anfangsphase der Gruppenbildung schwer. Doch wenn man als Leiter dabei bleibt, zu Anfang zu singen, weil man selbst dazu Lust hat und davon überzeugt ist, wächst die Beteiligungsbereitschaft.

- In die Mitte einen *Zapfen* und eine *Muschel* legen. Der Zapfen wird jeweils in die Hand genommen, wenn jemand etwas Unangenehmes zu erzählen hat; die Muschel wird genommen, wenn es etwas Angenehmes zu berichten gibt. Muschel und Zapfen werden herumgegeben, jeder Konfirmand/jede Konfirmandin ist gebeten, eins zu wählen oder auch beide zu nehmen, um etwas von sich zu erzählen.

- Herumreichen eines "*Regenmacherstabes*" oder eines "*Handschmeichlers*" als Hilfe für ein "Blitzlicht". Das

"Blitzlicht" ist eine gruppendynamische Tradition. "Jedes Gruppenmitglied wird darum gebeten, so persönlich und so kurz wie möglich zwei Fragen zu beantworten: Wie fühle ich mich gerade und was möchte ich jetzt? Schon zu Beginn einer Zusammenkunft kann ein solches Blitzlicht vorgeschlagen werden, damit jeder Teilnehmer die Gelegenheit bekommt, auszusprechen, was ihn in diesem Augenblick bewegt. Das geschieht also im Hinblick auf die Situation, aus der er gerade kommt, und auf die Gruppensitzung, die jetzt beginnt. Er erhält damit zugleich die Möglichkeit, mit den anderen in Kontakt zu kommen ..." (3)
Der Einsatz eines Handschmeichlers bzw. Regenmacherstabes unterstützt die Aufforderung, etwas von sich einzubringen und unterstützt die Wahrnehmung, daß nur einer/eine zur Zeit damit dran ist.

o *Bewußtes Hören:* Nach der Begrüßung folgt eine Zeit des gemeinsamen Schweigens im Kreis. Ein Musikstück wird gespielt. Das Schweigen ermöglicht ein bewußtes Hören auf die Musik. Oft geschieht es zunächst, daß bei der Musik Ablenkung, Klönschnack usw. einsetzen. Dies entspricht dem gewohnten Verhalten. Wichtig ist es, als Spielregel durchzusetzen, daß wirklich geschwiegen wird, um hören zu können. Es geht darum, durch das Hören zentriert zur Ruhe zu kommen. Zur Spielregel gehört auch, daß die Musik nicht bewertet wird und es keinen Austausch über das Gehörte zu geben braucht. Im Verlauf können alle Gruppenmitglieder ein Musikstück für diesen Beginn beisteuern, ebenso natürlich der Leiter/die Leiterin der Gruppe. Die Übung wird erfahrungsgemäß schnell als ein Ritual von allen verstanden und akzeptiert. Sie ist eine hervorragende Einführung in Schweigezeiten und Stilleübungen. Sie kann auch als eine Vorbereitung für Meditation bzw. Phantasiereisen genutzt werden. Durch die Wiederholung wird wie selbstverständlich geübt, schweigend für eine Zeit am Platz zu sitzen, die Augen zu schließen, auf den eigenen Atem zu achten, zu hören und Bilder wahrzunehmen.

o Ein weiteres *Ritual* besteht aus drei Phasen:

1. Alle stehen aufgerichtet mit genügendem Abstand voneinander im Kreis. Die Arme sind vor dem Brustkorb überkreuzt. Die Handflächen liegen unterhalb der Schultern auf dem eigenen Körper. Diese Haltung zeigt an: ich stehe für mich - vor Gott.

2. Alle gehen *einen* Schritt auf die Mitte zu. Die Gruppenmitglieder rücken so näher aneinander und öffnen die Arme, die Handflächen berühren sich rechts und links mit denen des jeweiligen Nachbarn. Der Blick geht im Kreis herum und nimmt die anderen Gruppenmitglieder wahr. Diese Haltung zeigt an: wir sind hier als Gruppe zusammen und miteinander verbunden.

3. Alle gehen einen weiteren Schritt auf die Mitte zu, der Kreis wird enger. Die Arme kreuzen sich vor dem Oberkörper, die Handflächen berühren die des Nachbarn. In dieser Haltung kann Druck nach links und nach rechts über die Handflächen ausgeübt werden. Sie zeigt an: wir sind nicht nur als einzelne Person hier - wir sind nicht nur in einer Gruppe beisammen - wir beschäftigen uns auch mit einem Thema, und in der Auseinandersetzung um Inhalt und thematische Fragen wird durchaus "gerungen".

Im weiteren Verlauf des Rituals werden die Schritte zurückgegangen; zunächst in die zweite Haltung ("Wir"), danach in die erste ("Ich"). Am Ende steht also jede und jeder für sich und geht so (gestärkt) in das Gruppentreffen.

Formen für einen Abschluß des Gruppentreffens

- o Das eben beschriebene *Ritual* mit seinen Haltungen "Ich" - "Wir" - "Es" - "Wir" - "Ich" kann auch einen klaren Schluß setzen und etwas von dem Weg, den die Gruppe gegangen ist, zum Ausdruck bringen. Vom Ankommen, über die Kontaktmaßnahme, die thematische Arbeit und inhaltliche Auseinandersetzung bis hin zu Abschied, bei dem jede/r letztlich wieder mit sich und für sich ist.

- o Am Ende ist es auch möglich, einen *Text* oder einen *Psalm* zum Thema des jeweiligen Treffens gemeinsam bzw. abwechselnd zu lesen.

- o Spaß macht eine spontane *Lesekette* mit solchen Texten. Alle haben den Text vor Augen, einer fängt zu lesen an, hört auf, wenn er aufhören will; den Anschluß macht der nächste, der gerade bereit ist. So geht es weiter bis zum Ende des Textes.

- o Am Ende ist es leichter als zu Beginn, zu einer *stillen Zeit* zu kommen. Bei entsprechender räumlicher Situation ist es sinnvoll, dazu an einen anderen Ort zu gehen, am besten in die Kirche als einen sakralen Raum. Ortswechsel erleichtert den Jugendlichen, sich noch einmal auf eine Zeit der Stille und Konzentration einzulassen.

- o Zum Abschluß kann ein *Lichtgebet* gestaltet werden. Im Stillen kann jede/r der KonfirmandInnen ein Teelicht anzünden und dabei an einen Wunsch bzw. eine Sorge denken und wenn sie möchten auch äußern. Das erfordert allerdings einen größeren Zeitaufwand, ist also insbesondere bei Ganztagestreffen geeignet.

- o Eine besondere Möglichkeit stellt das *Spiel elementarer Rhythmusinstrumente* dar. Dazu bedarf es einer Vielzahl kleiner Trommeln und Schlaginstrumente. Mit ihnen kann eine Abschluß-Session gespielt werden. Der Leiter/die Leiterin kann Begriffe wie "laut - leise - Krach - kaum hörbar" als Spielimpulse einwerfen und so einen strukturierten Aufbau des Rhythmus ermöglichen. Bei dieser Übung kann herausgelassen werden, was sich vielleicht aufgestaut hat, und zugleich kann durch den Impuls "leise - kaum hörbar" zum Abschied ein Moment gefüllter Stille hergestellt werden. Gleichzeitig wird eine alternative Auseinandersetzung mit biblischen Geschichten vorbereitet. Orte, Personen und Handlungen einer Geschichte können mit unterschiedlichen Instrumenten belegt und zum Klingen gebracht werden.

Die Einrichtung des Raumes,
die Strukturierung der Zeit
und der gestaltete Rahmen der Treffen
zielen darauf, in der Arbeit *Konzentration und Präsenz* zu fördern.
Das schafft einen Spielraum, der für Erfahrungen offen ist.

Jugendliche ins Spiel bringen

Atmosphärenwechsel hilft, Präsenz und Konzentration zu ermöglichen. Bewegung und Spiel helfen, für eigene Erfahrungsschritte arbeitsfähig zu werden. Mit Bewegung und Spiel lassen sich Anwärmphasen gestalten, mit beiden kann aber auch viel mehr geschehen als dies. Sie können zu wesentlichen Bestandteilen der Gruppenarbeit werden.

Unter einer *Anwärmphase (Warming-up)* versteht man die körperliche Anwärmung für die anschließende Arbeit. Damit kann eine nur auf den Körper bezogene Anwärmung gemeint sein. "Dann wird mit den Übungen vor allem der Körper weich und wach gemacht und der Kreislauf angeregt. Die Bedingungen des Raumes (Material des Fußbodens, die Wärme, der vorhandene Platz pro Person, die Möglichkeit der Lüftung) sind zu beachten sowie die körperlichen Vorerfahrungen der Teilnehmer.

Außerdem wird durch das Warming-up die sinnliche Wahrnehmung der Teilnehmer für sich selbst und die anderen Gruppenmitglieder vertieft" (4).

Bewegung und Spiel sind aber auch mehr als nur ein "Anwärmen". Sie können zum *wesentlichen Bestandteil der Gruppenarbeit* werden. "Sie unterstützen die Erweiterung des nonverbalen Bereiches. Weder sind wir darin geübt, unseren Körper als Ausdruck in der Kommunikation mit anderen einzusetzen, noch wissen wir, wie wir mit dem Körper lernen können ... Und doch ist unser Körper das unmittelbarste Medium zum Lernen. Wir können eingefahrene Bewegungsmuster erkennen und verändern. Wir können unseren Mut stärken, das Vertrauen in unsere Fähigkeiten als gerechtfertigt erfahren, wir können die Ebene der Kommunikation mit anderen erweitern. Wir können Themen ganzheitlich erarbeiten, d.h. sie erfahren, begreifen, verstehen" (5).

So sind unsere Arbeitseinheiten generell so aufgebaut, daß eine körperliche Einstimmung und ein spielerisches Hineinkommen am Anfang stehen.

> ***"Es geht, ich gehe. Ich gehe, ich lasse mich gehen. -***
> ***Du kannst dich doch nicht einfach so gehen lassen. Wo kommen wir denn hin, wenn jeder sich einfach gehen läßt. -***
> ***Ich gehe, ich werde gegangen, gehetzt, getrieben, gejagt, geführt, gezogen, getragen ... ich gehe.***
> ***Ein uraltes Thema klingt an: unterwegs, auf dem Weg.***
> ***Abraham bricht auf aus Ur in Chaldäa und zieht nach Westen, Go West! Brich auf aus dem Ägypterland, Durchgang durch das Rote Meer, durch die Wüste ins Gelobte Land, suche den Gral, überquere Berge, durchfahre Meere: Jerusalem, Compostella, San Francisco, Nordpol, Mount Everest.***
> ***Die Frage: Wie geht es dir? Wie gehst du?"***
>
> ***Klaus-Werner Stangier, Schritte ins Freie - Erfahrungen auf dem initiatischen Weg***

I. Bewegung mit Jugendlichen

Überlegung
Wie ist es zu erreichen, daß Jugendliche sich auf ungewohnte Dinge einlassen? Auf das Nichtvertraute, das Andere, auf ein Erleben, das zusammen mit gedanklicher Klärung zu einer Erfahrung werden kann? Die Bewegungslehrerin Ellen Kubitza, der wir viele Anregungen in der Bewegungsarbeit verdanken,

schreibt dazu: Es ist "eine Atmosphäre wichtig, in der angstfrei gelernt werden kann ... deshalb darf der Anleiter nicht werten. Eine Obacht in der Aufmerksamkeit für jeden Teilnehmer ist Voraussetzung ... Es geht nicht darum, etwas richtig oder falsch zu machen, sondern darum, ein Verhältnis zu sich selbst zu finden" (6).
Bewegungserfahrungen können ein Feld *elementarer Lernerfahrungen* bilden. "So kann ich, wenn ich durch einen Raum gehe, selbst prüfen, wie entscheidungsfähig ich bin, in dem ich versuche, die Richtung zu ändern. Ich kann mir einen bestimmten Punkt im Raum vornehmen und mir den Auftrag geben, dort eine vorüberlegte Drehung zu machen oder eine bestimmte Richtung zu wählen. Ebenso sagt meine körperliche Fähigkeit, Balance zu halten, etwas über mein Gleichgewichtsgefühl aus, aber auch über meine Möglichkeiten, im Leben in anderen Dingen ein Gleichmaß herzustellen ... Auch über die Lockerheit, sich fallenzulassen und sich doch selbst zu halten, kann ich über Bewegungsübungen etwas erfahren ... Über Achtsamkeit, die ich mir und anderen gegenüber habe, kann ich im Bewegungsbereich etwas erfahren. Achtsamkeit ist eine wichtige Voraussetzung für Vertrauen ... Und ein Letztes ergibt sich aus der Erfahrung mit Bewegung. Ich bekomme zunächst Vertrauen zu meinem eigenen Können, wenn ich mich mit anderen gemeinsam bewege, spiele, improvisiere, lerne ich auch diese anderen besser kennen und gewinne Vertrauen. Die Kommunikation wird klarer und direkter ..." (7)

Es gibt für die Arbeit mit Bewegungsübungen eine *Grundregel:*

Nur mit dem zu arbeiten, womit ich selbst Erfahrung habe.

Wenn ich dieses berücksichtige, können literarische Anregungen zur Bewegungsarbeit durch ausführliche Übungsdarstellungen für die eigene Vorbereitung eine gute Hilfe sein (8).

In diesem Kapitel kann es nicht darum gehen, nochmals eine Art Schule für Bewegungsarbeit zu schreiben. Die sind anderswo nachzulesen. Vor allem ist eigene Praxis mit eigener Erfahrung zu erschließen.

Wichtig ist uns, auf die unterschiedliche Qualität und Bedeutung sowie auf Anwendungsmöglichkeiten von Bewegungsübungen hinzuweisen.

Eine Sache ist es, die Jugendlichen zum Abreagieren vor der Stunde sich austoben zu lassen. Das hat sein gutes Recht. Anregungen, Variationen und Impulse findet man dafür in bewährten Spielesammlungen (9).

Etwas *anderes* ist es, darüber hinaus zu gehen und die Wahrnehmung an der Bewegung zu schulen. "Ein innerer Zusammenhang verbindet das Wesen des Menschen mit seinen Äußerungen," heißt es (10).

Durch Bewegungsübungen werden wir in intensiven Kontakt zu uns selbst gebracht, und lernen, uns und die Anderen wahrzunehmen. Bewegungsarbeit bildet sich aus einer Vielzahl von Übungen, "die immer die Aufforderung einschließen, möglichst genau zu erspüren, was im Körper gerade geschieht. Bewegungen und Haltungen werden stets begleitet von der inneren Aufmerksamkeit ..." (11) Das Entdecken eigener Bewegungs- und Haltungsmuster ist der Schwerpunkt. Dabei ist für das Lernen die Körperarbeit zu zweit von großer Bedeutung. Hier ist immer eine "die mehr Passive (B), die bewegt wird, und eine mehr Aktive (A). A stellt sich für B zur Verfügung, B lernt dadurch möglicherweise neue, für sie ungewohnte Bewegungen. B darf loslassen, darf passiv sein und muß nichts selbst machen - darf die Muskulatur ganz entspannen. Das schafft Freiheit, Bewegungs- und Spielraum, das ist die Voraussetzung für Kreativität und Lernen" (12).

Mit diesen grundsätzlichen Hinweisen wird zweierlei deutlich:

Die *Chance*, die ein Lernen unter Einbeziehung der körperlichen Dimension bedeutet und zugleich die *Schwierigkeit*, die dies für Jugendliche im Konfirmandenalter bedeutet:

o Die innere Aufmerksamkeit dafür, wie Bewegungen und Haltungen durch einen selbst zur Gestalt kommen, ist im KonfirmandInnenalter schwer herzustellen. Einmal wegen der dafür nötigen Atmosphäre in der Gruppe; zum anderen wegen der eigenen Befindlichkeit, mitten in der körperlich / seelischen Krise der Pubertät und des Gestaltwandels, der mit Scham, Irritation und Unsicherheit verbunden ist.

- Das legt nahe, *Einzelübungen* auf elementare Übungen zu reduzieren. Dafür ist eine vertrauensvolle Atmosphäre innerhalb der vorhandenen Gruppe zu schaffen.

o Bei den *Partnerübungen* ist zu beachten, daß jede Berührung in diesem Alter prinzipiell mit Sexualität zu tun hat. Und Sexualität ist das ausgesprochen unsichere Terrain, in dem Schutz und vorsichtiges Ertasten Bedürfnis sind.

- Klare Regeln und ein Medium zwischen den beteiligten Partnern sind deshalb sinnvoll, will man ausgewählte Partnerübungen mit Jugendlichen im Konfirmandenalter durchführen.

o Es lohnt sich, diesen Weg zu gehen! Es ist spannend und interessant, auch mit Jugendlichen dahin zu kommen, Übungen zum Körperbewußtsein mit größerer Selbstverständlichkeit zu praktizieren. Abwehr und Unsicherheit sind bei ihnen ja nur eine erste Dimension. Die Lust auf Entdeckungen und die Freude, körperliche Ausdruckskraft zu erweitern, sind in ihnen genauso vorhanden. Sich selbst wahrnehmen und zu sich selbst kommen geschieht gerade in der Krise der Pubertät nicht im Kopf, sondern im Körper, unter Beteiligung aller Sinne. Bei längerem Einüben werden gerade Jugendliche mit ihrem Bedürfnis, die eigene Körperlichkeit zu klären, Freude und innere Bereitschaft zu elementaren Körperübungen mitbringen. Sie helfen, selbstbewußt und sicherer im eigenen Körper Zuhause zu sein.

Wir unterscheiden zwischen

* *strukturierter Bewegung*
* *spielerischer Bewegung.*

Strukturierte Bewegungsübungen

Bei strukturierten Übungen geht es darum, die Wahrnehmung der eigenen Bewegungsmuster zu schulen, um ein höheres Maß an Bewußtheit durch Bewegung zu schaffen. Solche Übungen setzen in der Gruppe eine ausgeprägte, konzentrierte Atmosphäre voraus. Unsere Erfahrung ist, das in der Arbeit mit KonfirmandInnen spielerische Anwendungen leichter sind als strukturierte. Aber es ist durchaus möglich, darauf hinzuarbeiten, punktuell auch strukturierte Übungen einzusetzen. Geeignet sind auch solche Einheiten, in denen die Jugendlichen in der Wahrnehmungsaufgabe stärker bei sich selbst bleiben, also in der Einzelarbeit, und weniger als in der Partnerarbeit mit anderen zusammenkommen.

Zu solchen strukturierten Übungen für die Arbeit mit Konfirmandinnen und Konfirmanden gehören drei Bereiche:

A) Alle Übungen, die mit der Grundbewegung des Körpers zu tun haben wie: stehen, gehen, sitzen, sich strecken.

Als Beispiel hier die Übung zum *zentrierten Stehen.*

Zentriert stehen: Auf beiden Füßen stabil - etwa schulterbreit - stehen, sich aufrichten vom Becken her über die Wirbelsäule bis zum Kopf, Arme hängen lassen, den Atem fließen lassen, dann sich aufgerichtet im Raum wahrnehmen.

Dies kann in die *Übung des Pendelns* erweitert werden.
Die Füße stehen in dieser Übung parallel und ungefähr schulterbreit; die Augen sind geöffnet. Das Gewicht wird zunächst ein wenig nach hinten verlagert, so daß die Fersen erheblich stärker belastet sind als die Zehen, und bleiben einen Moment in dieser

Haltung. Dann wird das Gewicht langsam auf den vorderen Bereich der Füße verlagert, die Fersen bleiben dabei aber im Kontakt mit dem Boden. Es kommt darauf an, eine innere Achse zu spüren - von den Füßen bis hinauf zur Kopfkrone - und diese Achse in eine leichte Vorwärts - Rückwärtsbewegung zu bringen. Damit ähnelt diese Bewegung eines sich im Winde wiegenden Baumes. Der Körper bleibt dabei aufgerichtet. Die Aufmerksamkeit wird zurück auf die Füße gelenkt, die Pendelbewegung wird mehrere Male in fortlaufender Weise wiederholt. Dann wird das Gewicht auf andere Weise verlagert, nämlich von der einen Seite zur anderen. Dabei rollen die Sohlen der Füße abwechselnd mehr auf die Außen- und die Innenkanten. Die Übung wird damit beendet, daß die Teilnehmer das Gewicht bewußt unter den Füßen spüren und prüfen können, ob sich im Vergleich zum Beginn der Übung etwas in der eigenen Wahrnehmung und im eigenen Empfinden - für die Füße, für andere Teile des Körpers - verändert hat. (13) Bei dieser Übung des zentrierten Stehens bzw. Pendelns kommt es zu einer intensiven Wahrnehmung der Körpermitte, des Kontaktes zwischen Füßen und Boden und des eigenen Aufgerichtetseins im Raum. Die Übung schafft eine Zentrierung der einzelnen Jugendlichen und innerhalb der Gruppe eine ruhige Atmosphäre. Noch im Stehen kann sich eine erste, kurze Runde anschließen, in der alle etwas von ihren Erfahrungen mitteilen können.

B) Elementare Atemübungen

Insbesondere Übungen, bei denen der Atem durch Bewegung mit den Armen und Händen begleitet wird (14).

Ein Basisbeispiel für eine Atemübung, die für KonfirmandInnen geeignet ist:
Die KonfirmandInnen stehen im Kreis, jede mit genügend Platz für die Bewegung der Arme um sich herum. Die Anordnung im Kreis hat den Vorteil, daß der Leiter die einzelnen Jugendlichen bei dieser Übung wahrnehmen kann und die Gruppe stärker

miteinander im Kontakt ist. Die Übung beginnt damit, daß alle zunächst noch einmal bewußt ihr eigenes Stehen wahrnehmen und sich gerademachen. Dann werden die Schultern bewegt und die Arme locker neben dem Körper hängen gelassen. Die Hände werden so zusammengeführt, daß die Fingerspitzen von Mittelfinger und Ringfinger sich berühren. Sie werden in dieser Berührung vor Bauch und Oberkörper nach oben geführt wie eine schöpfende Bewegung zum Einatmen. In Gesichtshöhe wenden sich die Hände nach vorne und werden parallel zueinander so lange nach vorne geführt, bis die Arme gestreckt sind - die Bewegung zum Ausatmen. Es folgt dann das Innehalten für die Pause - während die Hände ihre Richtung wieder wenden. In einer geraden Linie werden die Hände zum Gesicht zurückgeführt - als füllten sie den Mund mit der Luft des Raumes. Dies ist die begleitende Bewegung zum erneuten Einatmen. Anschließend werden beide Hände - weiterhin geöffnet und mit Berührung an den Fingerspitzen von Mittelfinger und Ringfinger - vor Oberkörper und Bauch nach unten geführt, bis die Arme nach unten gestreckt sind. Dies ist die begleitende Bewegung zum Ausatmen.

Der Bewegungsablauf kann an dieser Stelle von neuem beginnen - nach einem erneuten Innehalten für die Pause und nachdem die Hände ihre Richtung wieder gewendet haben.

Wie bei allen Atemübungen, die den Atem mit Bewegung begleiten, ist es sinnvoll, zunächst den Bewegungsablauf zu zeigen, zu erläutern und nachmachen zu lassen. Wenn der Bewegungsablauf deutlich geworden ist, führt jede/r in der Gruppe die Übung im eigenen Atemrhythmus durch.

C) Massage-Übungen

Massageübungen wirken unmittelbar aktivierend auf Teile bzw. das Ganze des Körpers. Sie aktivieren den Kreislauf. Sie bringen eine intensivere Wahrnehmung in die Körperteile, die massiert werden. Die Körpererfahrung lehrt: Der Körper "belohnt" mit Wärme und mit erhöhter eigener Aktivität der Durchblutung die Bereiche, in die wir durch Massage unsere Aufmerksamkeit lenken.

Bei allen Massageübungen gilt als Grundregel: Immer von der herzfernen zur herznahen Seite und nach dem Prinzip "von außen nach innen."

Beispiele für Übungen, mit denen im Gruppengeschehen während der Konfirmandenzeit gut gearbeitet werden kann:

a) *Eigenmassage:* sich selbst wachklopfen.
Auch für diese Übung, sich selbst wachzuklopfen, gilt das Grundprinzip herzfern und außen anzufangen. Sie beginnt beim rechten Fuß und geht bis zum Becken, dann wird fortgesetzt vom linken Fuß bis zum Becken, es folgt die rechte Hand bis zum Oberarm und die linke Hand bis zum Oberarm. Anschließend werden die Schultern, der Brustkorb, der Bauch abgeklopft, auch die Beckenregion und den Po kann jede/r Einzelne/r sich selbst abklopfen, massieren.

b) *Partnerübung:*
Die Übung, sich selbst wachzuklopfen, kann übergehen in eine Partnerübung. Partnerübungen sind in vertrauten Gruppen, in vertrauter Atmosphäre möglich. Ein Partner (A) stellt sich hinter einen Partner (B). A nimmt B wahr, konzentriert die Wahrnehmung auf die ihm anvertraute Person und beginnt dann den Schulterbereich abzuklopfen. A achtet darauf, daß die Hände beim abklopfen locker bleiben. Die Hände, die auf den Körper treffen, federn im Moment der Berührung sofort zurück. B teilt A mit, ob die angewandte Stärke des Klopfens angenehm ist oder stärker sein kann bzw. geringer sein soll. Bei der Massage des Rückens ist dann zu beachten, daß die Nierenpartie ein strenges Tabu ist. Auch der Kopf bedarf besonderer Beachtung. Sinnvoll ist ein Tippeln mit den Fingern, ein Streichen mit den Fingern über den Nacken, die Schultern bis über die Arme und Hände. Die Übung kann abgeschlossen werden mit einem Ausstreichen

vom Kopf über den Nacken, die Schultern, Arme und Hände. Ein Händedruck signalisiert den Abschluß der Massage.

Variationen:
A klopft B von den Füßen an ab. Auch dabei ist das Prinzip zu beachten, von der herzfernen zur herznahen Seite, von außen nach innen. Auch ist eine Massage zu Dritt denkbar, bei der ein passiver Partner B durch Partner A und C gleichzeitig abgeklopft wird. Nach Abschluß der Übung wechseln die Rollen, so daß die Partner jeweils in der aktiven und in der passiven Rolle sein konnten.

c) *Übungen mit einem Medium*
Massageübungen mit einem Partner sind in Konfirmandengruppen leichter möglich, wenn ein Medium zur Hilfe genommen wird. Gute Erfahrungen haben wir gemacht mit einem Tennisball. Der Tennisball kann zwischen der Hand des aktiven Partners A und dem Körper des zu massierenden Partners B gerollt werden. Auf diese Weise kann der ganze Körper wach und warm massiert werden, ohne daß es zu einem direkten Körperkontakt mit der Partner/in kommt. Der Tennisball ist zwischen den Partnern A und B und ermöglicht gerade dadurch eine einfühlsame Begegnung der Beiden. Eine fließende Musik dazu kann dies zusätzlich unterstützen.

Spielerische Bewegungsübungen

Von solchen strukturierten Übungen sind *spielerische Übungen*, die die Jugendlichen in Bewegung bringen, zu unterscheiden.

Wichtig ist uns bei diesen Übungen: sie helfen, *spielerisch über eine Grenze zu führen.* Spielerisch meint hier: mit Spaß, Vergnügen, aufgeweckter Lebendigkeit. Sie funktionieren nur, wenn ich als Teilnehmender nicht der Stärkste sein muß und sein will, und mich ständig durchzusetzen versuche durch Schnelligkeit und Kraft. Spielerische Übungen setzen wir ein, damit Konfirmandinnen und Konfirmanden

- o sich selber intensiver wahrnehmen können;
- o zu anderen in der Gruppe leichter in Beziehung treten können;
- o der Situation entsprechend stärker in eine Dynamik oder eine Beruhigung hineinkommen:

* *Bewegungsspiele einzeln*
\- *am Platz* -

Dazu gehört der ganze Bereich der *Anwärmspiele*, die einzeln am Platz durchgeführt werden können. Lockerungen vom Kopf bis in die Füße; sich wachmachen durch räkeln, strecken, den Oberkörper hängenlassen und erneut aufrichten.

Hinweis:
Die Bewegungslust der KonfirmandInnen wird größer, wenn die Lockerungen mit einer Phantasievorstellung verbunden werden. "Stellt Euch vor, Ihr seid eine Marionette. Am Kopf, an den Ellenbogen, an den Knien, am Becken und den Füßen sind Fäden befestigt. Ein unsichtbarer Marionettenspieler zieht verschiedene Fäden gleichzeitig, schnell - plötzlich, langsam - ruhig, unterschiedlich hoch. ..."

Beispiel: *Sich bewegen zur Musik*

Verbunden mit dem Medium Musik fällt es den Jugendlichen meist leichter, sich in Bewegung zu bringen. Allerdings ist tanzen zur Musik am Anfang der Gruppenbildung eher mit Scham und Peinlichkeit verbunden. Eine gute Möglichkeit ist deshalb, Musik für eine Bewegung am Platz anzubieten. Dabei sollen die KonfirmandInnen die Augen schließen und anfangen, sich zur Musik zu bewegen. Das kann differenziert geschehen durch Isolation einzelner Körperteile: Zuerst die Hände / dann Hände und Arme / dann Hände, Arme, Oberkörper / Hände, Arme, Oberkörper, Kopf / schließlich auch Becken und Beine. Durch das Schließen der Augen entsteht eine eigene Atmosphäre, in der Bewegungen gewagt werden, auch wenn andere im Raum sind. In dieses sich selbst zur Musik bewegen kann dann der Impuls kommen: Bewegungen so groß wie möglich am eigenen Platz zu machen. Jeder nimmt sich so viel Raum, wie er nur kriegen kann ... Im Kontrast dazu der Impuls, Bewegung am eigenen Platz so auszuführen, daß sie so wenig wie möglich Raum einnimmt. Die Übung schließt mit dem Ausschütteln von Armen und Beinen, dem Öffnen der Augen und dem Ausschwingen zur Musik.

** Bewegungsspiele einzeln*
- im Gehen -

Dazu gehört der ganze Bereich von Spielen, die mit "Gehen" verbunden sind. Dabei kommen alle in Bewegung, "gehen" für Momente im wahrsten Sinne aus sich heraus, öffnen sich für die Situation und neue Möglichkeiten.

Die KonfirmandInnen können einen Tagesablauf "durchgehen": Jede/r drückt dabei auf eigene Weise die Dynamik, die eine bestimmt Tageszeit für ihn / für sie hat in der Gehweise aus (Impulse: 8 Uhr morgens, 12 Uhr mittags, 16 Uhr nachmittags, 20 Uhr abends ...). Sie können "Stimmungen ausdrücken": So gehen, wie ihnen zumute ist. Das Befinden durch Haltung, Gangart, Tempo ausdrücken und verstärken. Die sichtbar gemachte Stimmung bei sich und anderen wahrnehmen, sich über Ähnlichkeiten und Unterschiede austauschen. (15)
Es können in die Bewegung des Gehens Impulse zur Selbstwahrnehmung gegeben werden.

Beispiel: *Stop-Gehen*
In das Gehen der Gruppe hinein wird ein Stop gesetzt. Die GruppenteilnehmerInnen in der momentanen Haltung erstarren und nur einzelne Körperteile bewegen lassen: Die Augen, den Kopf, den Oberkörper, die Knie, die Hände, die Füße, das Becken etc ... Dies kann aufeinander aufbauend geschehen: Von der Isolation der Augenbewegung weitergehend zur Bewegung der Augen mit dem Kopf, dann Augen, Kopf, Oberkörper, Augen, Kopf, Oberkörper, Arme, etc. bis alle Körperteile aktiviert sind. Dies geschieht unter der Fragestellung: Was um mich herum kann ich wahrnehmen? Und was nehme ich an mir selbst wahr - wenn ich auf meine Haltung achte, meine Blickmöglichkeiten, mein Rückgrat, mein Stand auf dem Boden? (16)

* *Bewegungsspiele miteinander*
- Begegnungen in der Gruppe -

Dazu gehört der ganze Bereich der Tick-Spiele und der Spiele, durch die in der Gruppe spielerisch für einen Moment neue Beziehungen aufgenommen werden. Sie ermöglichen, spielerisch in Kontakt zu kommen und bereit zu werden, sich mit anderen in Kooperation zu begeben.

Formen von Tick-Spielen:

Beispiel: *Ketten-Tick*
Spielregel: Wer getickt ist, faßt den Jäger an der Hand und jagt als sein Partner die Übrigen mit. Es entsteht auf diese Weise eine Kette der Jäger. Das Spiel ist zuende, wenn alle Gruppenmitglieder getickt sind und zur Kette gehören.

Beispiel: *Sanitäter*
Spielregel: Ein Jäger versucht zu ticken. Man kann sich als Mitspieler vor dem Getickt-Werden retten, indem man sich auf den Boden begibt und damit als krank gilt. Als krank ist er/sie nun ausgeschaltet und kann nach einem "Sanitäter" rufen. Dann können zwei andere Gruppenmitglieder zu ihm/ihr eilen, ihn/sie an den Beinen und Armen packen und in ein "Hospital" bringen. Das Hospital ist zu Beginn des Spiels auszuweisen durch eine sichtbare, räumliche Abgrenzung - z.B. durch ein Seil oder ein Klebeband auf dem Boden. Wer von zwei Helfern in die Hospitalzone gebracht wurde, kann von dort aus erneut ins Spielgeschehen zurückkehren. Das besondere dieses Tickspiels wird durch folgende Zusatzregel hergestellt: Die Sanitäter können solange nicht abgetickt werden, wie sie einen Kranken tragen. Das gilt aber nicht mehr, so bald der Jäger wechselt. Durch diesen Zusatz wird das Spiel sehr dynamisch. Es bedarf hellwacher Beteiligung und schneller Reaktionen.

Beispiel: *Verzauberungsfangen*
Spielregel: "Einer soll die anderen fangen. Diese haben die Möglichkeit, sich ganz schnell in eine Statue zu verwandeln, wenn der Fänger naht. Das muß aber geschehen, bevor sie berührt werden. Die Statue soll deutlich erkennbar sein, nicht eine normale Haltung haben. In dieser Haltung müssen die Spieler verharren, bis sie erlöst werden. Erlöst werden können sie nur, wenn sich ein anderer Mitspieler vor sie stellt und spiegelverkehrt genau ihre Haltung einnimmt. Beide sollen so

mindestens drei Sekunden stehen. Spielende ist, wenn alle außer Atem oder alle verzaubert sind ..." (17).

Neben der Vielzahl von Tick-Spielen gibt es Spiele, durch die für eine Zeit neue Beziehungen aufgenommen werden. Sie führen die Mitspieler/innen in unterschiedlichen Konstellationen zusammen: z.B. das Atomspiel (18).

* *Bewegungsspiele auf den Raum bezogen*
- den Raum entdecken -

Dazu gehören Bewegungsspiele, die die Wahrnehmung des Raumes mit einbeziehen und zum Thema machen.

Beispiel: *Raumentdeckung*
Die KonfirmandInnen bewegen sich im Raum, schauen ihn aufmerksam an und nehmen die Eindrücke in sich auf. Dafür sollte genug Zeit sein, weil jede/r eigene Zugänge zum Raum hat. Unterschiedliche Gegenstände sind zu erforschen, verschiedene Sichtweisen zu erproben etc. Nach einer angemessenen Zeit für ihre eigene Raumwahrnehmung folgt der Impuls:
Stehenbleiben - die Augen schließen - sich erinnern an die Entdeckung - ein inneres Bild vom Raum entstehen lassen.
Anschließend werden die Augen wieder geöffnet und die inneren Bilder mit der äußeren Wirklichkeit verglichen. Nochmals können einzelne Punkte oder Objekte im Raum aufgesucht werden. Dabei geht es um ein intensives, eigenes Hineinkommen in den vorgefundenen Raum.

In anderen Bewegungsspielen wird der reale Raum mit verschiedenen Phantasien belegt:
"Geht durch den Raum, stellt euch vor, der Boden, auf dem ihr geht, ist ... Morast, eine Asphaltstraße, eine Wiese, ein Strand, Wattenmeer, Mondlandschaft ohne Schwerkraft...." Als Letztes wird keine Phantasievorstellung in das eigene Erleben hineingegeben. Dann gilt es, den realen Boden des Raumes wahrzunehmen, auf dem die Gruppe sich bewegt, und auf diese Weise anzukommen.

II. Spielen

Überlegung

Spielen hat seine eigene Bedeutung in sich selbst. Im Spiel nehmen Menschen Beziehung zueinander auf, können soziale Festlegungen überschreiten, können Rollen probieren, neue Möglichkeiten entdecken, können Veränderungen im Versuch wagen, können bei sich sein ohne Zweck. Im Spielen entsteht - abgegrenzt durch Regeln - ein Raum zur Kommunikation. Immer ist die Gruppe von Bedeutung, die spielt:

Im Spiel kommen inhaltliche Aspekte und Beziehungsaspekte zusammen.

"Spiele bieten uns einen Freiraum, in dem wir uns versuchsweise anders verhalten können, als es unsere Lebensweise sonst zuläßt. Spiele weisen aber auch über sich hinaus und geben Impulse für die Gestaltung des Lebens. Die Verwirklichung dieser Impulse liegt außerhalb des abgegrenzten Spielraums." (19)

Mit Spiel gilt es, verantwortlich umzugehen. Verantwortlich heißt, unterscheiden zu können, worum es im Moment geht und was der Gruppe entspricht. Denn *jedes Spiel hat ein geheimes Thema.*

Es kann im Spiel darum gehen, sich abzureagieren; in Beziehung zu treten; sich wahrzunehmen; andere wahrzunehmen; Erfahrungen mit anderen zu machen, um ein Team zu werden; probeweise erste Schritte in ein Thema zu entwickeln ... Alles dies ist durch und mit Spiel möglich. Es geht für die Leiterin/Leiter darum, zu entscheiden: was entspricht der Gruppe in ihrer Situation?

Dabei sollte nach unserem Spielverständnis Spiel nicht mißbraucht werden, um zu manipulieren. Die Gefahr der Manipulation entsteht, wenn Spiel funktionalisiert wird: Der Leiter legt ein Ziel eindeutig fest, das durch Methoden, die dem Spiel entliehen sind bzw. Spielelemente beinhalten, zu erreichen ist.

Nach unserem Verständnis geht es beim Anbieten eines Spiel-Arrangements darum, Entscheidungen zu treffen, was in einer Gruppensituation zu ermöglichen und was zu vermeiden ist:
Ruhe - Unruhe; Beziehungen zu anderen - Konzentration auf sich selbst; sinnliches Interesse an einem Material - Wahrnehmung innerer Phantasien ... usw. Wird ein Thema im Spiel angeboten, so werden keine Lösungen vorgegeben. Es wird auch kein Ergebnis, das vorher festgelegt ist, vermittelt. Es geht darum, Erfahrungen mit einem Thema bzw. mit einer Frage zu ermöglichen. Durch Spielen wird eine Frage, die einem wichtig ist, von der Gruppe auf eigene Weise neu entdeckt und mit eigenen Lösungen bearbeitet. In solchem Spiel leuchtet immer wieder auf, was Menschen in ihrem Innersten miteinander verbindet und größer ist als sie. (20)

Ausgangssituationen und Spielideen

In der folgenden Übersicht führen wir auf, welche Anlässe welche Spielarten hervorrufen können. Dazu wird jeweils eine Spielidee als Beispiel zur Verdeutlichung beschrieben.

Ausgangssituation/Anlaß	Spielidee/Impuls
Arbeitsfähig werden Spielerisch werden können	Anwärmspiele, Gehspiele, Tickspiele, Bewegungs-spiele

Beispiel: Bewegungsspiele
Sich bewegen zur Musik / Stop-Gehen / Stimmungen ausdrücken / Verzauberungsfangen.

Kennenlernen Kontakt aufnehmen in der Konfirmandengruppe	Namensspiele "Den Namen verstecken" Personenspiele,"Zublinzeln" (21)

Beispiel: Ich sehe - ich vermute
Ich sehe, ich vermute, erster Schritt: zwei PartnerInnen sitzen einander gegenüber und machen sich bewußt, was sie aneinander wahrnehmen, z.B. Kleidung, Mimik, Gestik, Stimme usw. "Ich sehe, daß du sehr farbige Kleidung trägst.... Ich sehe, daß du lächelst ... Ich sehe, daß deine Hände etwas zittern ..." In den ersten fünf Minuten gilt es, nur Wahrnehmungen zu äußern! Zweiter Schritt: In den nächsten fünf Minuten verbinden die Partner die Wahrnehmungen mit ihren dadurch ausgelösten Vermutungen, z.B. ich sehe, daß du sehr farbige Kleidung trägst und vermute, daß du ein sehr lebenslustiger Mensch bist. Die Vermutungen werden zunächst nicht kommentiert. Dritter Schritt: Die PartnerInnen haben Zeit, ihre Vermutungen zu kommentieren und Verständnis und Mißverständnis zu klären. Auswertung: Wie habt ihr euch gefühlt? Waren eure Vermutungen zutreffend oder unzutreffend? (22)

Beziehungen zueinander und gegenseitige Wahrnehmungen vertiefen	Selbstentwickelte Regelspiele wie "Meine Geschichte - deine Geschichte" (23) Wahrnehmungsspiele wie "Rückengeschichten" (24)

Beispiel: Spiegel-Pantomime

"Es werden Paare gebildet. Die einen sind der Spiegel, die anderen stehen davor. Diese werden aufgefordert, sich langsam vor dem Spiegel zu bewegen, die "Spiegel" sollen die Bewegungen so zeitgleich wie möglich mit vollziehen. Es bietet sich an, die Bewegung mit den Händen zu beginnen, damit der Spiegel sich an sein Gegenüber gewöhnen kann, daraufhin kann der ganze Körper einbezogen werden, und die TeilnehmerInnen können ausprobieren, wie weit sie gehen können, so daß ihr Spiegelbild folgen kann. Dann werden die Rollen getauscht. In einem dritten Schritt gibt es keine festgelegten Rollen mehr: die Initiative wandert zwischen beiden Beteiligten unmerklich hin und her." (25)

Aggressionen Raum geben	Spiele mit aggressivem Körpereinsatz wie das "Burgspiel" (26)

Beispiel: Zeitungsrollentick
Vorbereitung: Aus alten Zeitung wird mit Klebeband eine Schlagrolle hergestellt. In einem Kreis werden die Stühle aufgestellt - ein Stuhl weniger, als Mitglieder in der Gruppe sind. Der Kreis erhält eine Öffnung, an der ein Papierkorb o.ä. steht. Durchführung: Ein/e Spieler/in erhält die Zeitungsrolle. Alle anderen besetzen einen Stuhl. Um einen Stuhl für sich selbst "freizuschlagen" kann der Spieler mit der Zeitungsrolle nun einen beliebigen Mitspieler auf den Oberschenkel schlagen. Damit wird ein Wettlauf eröffnet. Blitzschnell muß er danach die Zeitungsrolle auf den Korb legen; der/die Geschlagene verfolgt ihn/sie, um die abgelegte Zeitungsrolle vom Korb nehmen zu können. Der Geschlagene versucht, den Schläger nun selbst mit der Zeitungsrolle zu erwischen, bevor dieser den freigewordenen Platz erreicht. Erreicht er den freien Platz, hat er den Wettlauf gewonnen. Er kann den Stuhl nun einnehmen. Der "Geschlagene" muß nun seinerseits versuchen, sich einen Platz "freizuschlagen", in dem er/sie eine/n Mitspieler/in mit der Zeitungsrolle auf den Unterschenkel schlägt und einen erneuten Wettlauf provoziert.

Hinweis: Bei diesem Spiel ist darauf zu achten, daß die Dynamik der Aggressivität einen für alle erträglichen und spielerischen Rahmen behält. Zu starkes Anschlagen ist durch klare Anweisung auszuschließen. Auch ist beim Spielverlauf darauf zu achten, daß nicht eine/r immer wieder zum Opfer gemacht wird.

Erfahrungsgrundlagen herstellen für thematische Fragestellungen

Spielerische Erweiterung der Wahrnehmungen/ Übungen zur Selbstwahrnehmung / Fremdwahrnehmung (27)

Beispiel: Atomspiel
Die KonfirmandInnen werden gebeten, durch den Raum zu gehen und dafür ihr eigenes Tempo zu wählen. Dabei wird ihnen folgende Regel erläutert: Wir spielen "Atome"; die bewegen sich bei niedrigen Temperaturen langsamer, bei höheren schneller. Z.B. ist 20 Grad relativ langsam, 60 Grad relativ schnell. Es werden dann im Verlauf unterschiedliche Gradzahlen genannt, nach der sich jeweils das Tempo zu richten hat. Mitten in diese Tempovariationen hinein wird dann ein "Stop" gerufen. Dieser Stop-Ruf wird verbunden mit einer Zahl, mit der der Leiter/die Leiterin bestimmt, in welcher Zahl die KonfirmandInnen sich unmittelbar zusammenfinden sollen. Stop - Atom 3 heißt: sofort in Dreiergruppen zusammenkommen. Wenn das geschehen ist, folgt für die spontan entstandenen Gruppen eine Aufgabe. Z.B.: baut ohne lange Überlegung in eurer Kleingruppe eine Statue zum Thema "Vertrauen" oder "Sonntagsnachmittags"...

Erfahrung: Die KonfirmandInnen kommen schnell zusammen, überwinden ihre Hemmungen beim Kontakt und werden in die Lage versetzt, erste spontane Bilder zu entwickeln. Dies alles geschieht in spielerischer Leichtigkeit.

Hinweis: Anschließend werden die Kleingruppen aufgelöst und eine neue Temperatur für die Bewegung in der Gesamtgruppe genannt. Es kommt bei dieser Spielvariante gerade nicht darauf an, eine kleine Zahl von Siegern herauszufiltern - das ursprüngliche Atomspiel besteht aus diesem Modell. Wer dabei bei der Nennung der Atomzahl nicht schnell genug jemanden findet, scheidet aus. Es kommt bei unserer Variante darauf an, sich schnell und ohne viel Überlegung in einer spontanen

Kleingruppe für eine gemeinsame Improvisationsaufgabe zusammenzufinden. Thematische Fragestellungen können damit vorbereitet und eingeführt werden.

Eigene Zugänge der Gruppe zu einem Thema klären Gedankliche Schwerpunkte entwickeln	Schreibspiele, Mitteilspiele

Beispiel: Pyramidenspiel
Zu einem Thema werden Stichworte durch Zuruf aus der Gesamtgruppe zusammengetragen. Die Stichworte werden einzeln in großer Schrift auf Karten geschrieben und für jeden Teilnehmenden vervielfältigt. In Einzelarbeit sucht jede/r sich aus den 30 Stichworten die 10 aus, die ihn/ihr am Wichtigsten erscheinen. Er/sie ordnet sie für sich in einer Pyramide an, der wichtigste Begriff soll ganz oben stehen. In Kleingruppen mit zwei oder drei Partner/innen bringt jede/r die eigenen 10 Karten mit. Nun soll gemeinsam eine Pyramide aus 10 Karten aufgebaut werden. Diese wird als Plakat aufgeklebt. Die Kleingruppe überlegt, welche Gesichtspunkte für ihre Anordnung entscheidend sind (und schreibt diese auf). In der Gesamtgruppe schließt sich eine Gesamtschau an: Worin unterscheiden sich die Pyramiden? Gibt es eine gemeinsame Pyramidenanordnung aus allen Kleingruppen? Woran sollte weitergearbeitet werden? (28)

III. Beispiel einer Einheit mit Bewegung und Spiel - Kennenlernen in der Gruppe

Wie Themen vorbereitet werden mit Bewegung und Spiel ist in den Modellen "Biblische Geschichte in Beziehung setzen zur Lebenswelt der Jugendlichen" entfaltet. Wie die Gruppe der Konfirmandinnen und Konfirmanden in der Anfangsphase der Konfirmandenzeit durch Spiel und Bewegung sich besser kennenlernen können, wird in der folgenden Einheit ausgeführt.

Ziel ist es, durch Bewegung und Spiel

- o Kenntnis voneinander zu gewinnen,
- o gegenseitige Wahrnehmung zu intensivieren,
- o eine vertrauensvolle Atmosphäre zu ermöglichen.

Begrüßung
- Regeln begründen -

Es geht in der Konfirmandenzeit nicht nur um Sitzen und Denken, sondern auch um Bewegung, Spielen, Szenisches probieren. Darauf weist der Leiter/die Leiterin nach der Begrüßung und der Einstimmung in das gemeinsame Zusammensein gleich zu Beginn hin. Deshalb ist der Raum sinnvoller Weise so zu gestalten, daß Tische und Stühle zur Seite geräumt sind und eine freie Fläche für Bewegung entstehen kann. Die KonfirmandInnen werden gebeten, die Schuhe auszuziehen, um sich leichter bewegen zu können, andere weniger leicht zu verletzen und selbst besseren Kontakt zum Boden zu bekommen. In den ersten Treffen einer Konfirmandengruppe wird es notwendig, Regeln auszuhandeln und festzulegen. Will ich Rituale einführen (vgl. vorne) bzw. mit den Elementen Bewegung und Spiel arbeiten, ist es sinnvoll, dies gleich zu Beginn einzuführen und einen Rahmen dafür herzustellen.

Sich bewegen im Raum
- erstes Ankommen -

Die TeilnehmerInnen werden aufgefordert, sich durch den Raum zu bewegen. Dabei kann das Tempo zwischen langsam und schnell gewechselt werden. Es soll von allen darauf geachtet werden, daß sie einander ausweichen und sich nicht aneinander stoßen. Im Gehen werden alle aufgefordert, sich gegenseitig wahrzunehmen. Anschließend soll Zeit sein, sich auf den Raum einzustellen, ihn zu erforschen. Nach dem ersten Hineinkommen kann die Situation der Begrüßung ins Spiel gebracht werden.

Spielerisches Sich - Begrüßen
- aus sich herausgehen -

Alle TeilnehmerInnen werden aufgefordert, die Situation, sich zu begrüßen, mit verschiedenen inneren Haltungen zu spielen. Die KonfirmandInnen gehen dabei durch den Raum und hören jeweils die Idee, von der her sie in das Begrüßungsspiel gehen sollen. Sich begrüßen mit der inneren Einstellung: "Schön, daß du da bist ..." "Eigentlich habe ich gar keine Zeit ..." "Entschuldigung, daß ich da bin ..." Bei diesem Spiel ist es interessant, darauf zu achten, was mit der Dynamik der Gruppe, mit der Bewegung im Raum geschieht. Die unterschiedlichen inneren Haltungen schaffen sehr unterschiedliche Dynamik; für die Gruppe ist das im Spiel gut zu erleben. Auf diese Weise geschehen verschiedene

Annäherungsweisen, bis hin zu Umarmungen und Berührungen. Das spielerische Sich-Begrüßen schließt damit, daß alle in ihrer eigenen Weise durch den Raum gehen und ohne ausdrückliche und angewiesene Haltung sich gegenseitig wahrnehmen und begrüßen. Das kann verbunden werden mit der Aufforderung, eine Geste für die Begrüßung spontan zu entwickeln; möglichst eine solche, die nicht dem normalen Muster - dem Händeschütteln - entspricht. Auf diese Weise entstehen - spielerisch - Formen von erster Begegnung. Nach dieser Wahrnehmung von sich selbst und den anderen läßt sich gut anschließen mit einem Spiel zum Gruppenabbild.

Landkarte / Speisekarte
- die eigene Position in der Gruppe wahrnehmen -

Bei diesem Spiel geht es darum, die beteiligten Mitglieder einer Gruppe durch eine bestimmte Fragestellung zu einer gemeinsamen Aktion und einer gemeinsamen Abbildung der Gruppe zu animieren. Ein bewährter Einstieg ist die "Stadtteilkarte". Die Gruppenmitglieder werden gebeten, sich in einem Raum so aufzubauen, wie es ihrer Wohnsituation im Stadtteil der Gemeinde entspricht. Wer wohnt wo und kommt woher? Diese Fragen klären die Gruppenmitglieder und haben dann die Aufgabe, sich entsprechend im Raum zu postieren und ihren Namen und ihre Wohnadresse entsprechend mitzuteilen. Ein anderes Abbild der Gruppe ergibt sich, wenn alle gebeten sind, sich auf ihr "Lieblingsgericht" zu besinnen. Dann kann die Gruppenaufgabe darin bestehen, die Lieblingsgerichte untereinander zu nennen und eine Menükarte zu gestalten durch eine entsprechende Postierung im Raum, sortiert nach Vorspeisen, Suppe, Salaten, Hauptspeisen, Nudelgerichten bis hin zum Nachtisch ...

Wiederum ein anderes Gruppenbild ergibt sich, wenn die Reihenfolge nach den Anfangsbuchstaben der Vornamen oder nach der Reihenfolge der Geburtstage im Jahr hergestellt wird. Dieses

Spiel schafft mit Leichtigkeit die Möglichkeit, sich jeweils zu gruppieren und zuzuordnen und auf diese Weise für eine Zeit Nachbarschaft und Nähe zu unterschiedlichen Gruppenmitgliedern zu entdecken.

Namensspiele
- ansprechbar werden und ansprechen können -

Den eigenen Namen deutlich einbringen und den Namen der anderen wahrnehmen und behalten, ansprechbar werden und ansprechen können: darum geht es bei "Namensspielen." Bei ihnen hat sich ein kleiner Schaumstoffball als hilfreiches Medium erwiesen. Alle KonfirmandInnen stehen im Kreis, eine/r wirft den Ball und sagt den eigenen Namen dazu. Auf diese Weise stellen sich alle miteinander vor. In einer zweiten Phase kann dann der Ball so zugeworfen werden, daß die Person, die den Ball wirft, den Namen der Person nennt, zu der der Ball geworfen wird.

Dieses Namensspiel kann in einer dritten Stufe weitergeführt und variiert werden. Z.B. kann man den Ball zuwerfen zu einer Person und gleichzeitig einen Namen nennen, zu der diese Person den Ball weiterzuwerfen hat. Auf diese Weise entstehen kompliziertere Aufgaben und die Notwendigkeit einer hohen Konzentration. Es entsteht ebenfalls schon dadurch eine konzentrierte Atmosphäre, daß die einzelnen Aktionen bei diesem Spiel sehr bewußt geschehen: Namen nennen und - davon gesondert - den Ball werfen.

Es macht erfahrungsgemäß viel Spaß, das Werfen des Balles bzw. die Nennung des Namens spielerisch zu verfremden, z. B. den Namen freundlich nennen und anschließend agressiv den Ball werfen oder den Namen agressiv ausrufen und anschließend den Ball zärtlich werfen.
Bei diesem Spiel wird schon viel von Kommunikation deutlich, von dem, was unter Menschen immer wieder geschieht - doppelte Botschaften und oft komplizierte Wege, sich "einen Ball zuzuwerfen".

Das Namensspiel mit Ball kann dann übergehen in eine einfache Übung, in der die Gruppenmitglieder im Kreis stehend sich schweigend den Ball zuwerfen, ganz in der Konzentration, daß der Ball im "Fluß" bleibt. Bei diesem Spiel haben alle die Möglichkeit wahrzunehmen, wie weit die Gruppe konzentriert ist und aufeinander bezogen agiert.

Zublinzeln
- Kontakt ermöglichen -

Im weiteren Verlauf des Gruppentreffens bzw. der folgenden Gruppentreffen sind darauf aufbauend spielerische Begegnungen sinnvoll, bei denen unterschiedliche Kontakte hergestellt werden. Bei KonfirmandInnen nach wie vor beliebt: Zublinzeln. Ein Stuhlkreis wird gebildet mit der Hälfte der GruppenteilnehmerInnen; die Hälfte der Gruppenteilnehmer setzt sich auf die Stühle, ein Stuhl bleibt frei, hinter alle Stühle stellt sich die andere Hälfte der Gruppe, so daß eine stehende Person hinter einem leeren Stuhl steht und durch Zublinzeln eine von den Sitzenden zu sich zu locken hat. Dies versuchen die stehenden Personen durch schnelles Greifen der vor ihnen sitzenden Person zu verhindern. Wenn eine sitzende Person den Stuhl gewechselt hat, ist die Person dran, die jetzt hinter einem leeren Stuhl steht.

Tanz mit Stäben
- gemeinsames Bewegen probieren -

Gemeinsame Bewegung zur Musik ist in der Kennlernphase einer Konfirmandengruppe mit Hemmungen verbunden. Hier hilft der Einsatz eines Mediums, z.B. von Bambusstäben. Zunächst können alle sich einzeln mit einem Stab zur Musik durch den Raum bewegen. Dann werden Paare gebildet. Ein Stab wird von jedem Paar gemeinsam gehalten - zwischen der Hand des einen und der Hand des anderen Partners. Auf diese Weise können Paare in indirektem Kontakt und doch in gemeinsamem Tun eine Bewegung zur Musik entwickeln - miteinander tanzen.

Ähnliches ist auch möglich mit "einer Bewegung mit Ballons". Dabei geht es darum, zunächst den eigenen Ballon nicht zu Boden kommen zu lassen. Musik unterstützt dabei die spielerische Leichtigkeit. In einer zweiten Phase können dann zwei gemeinsam jeweils zwei Luftballons oder jeweils nur einen über dem Boden zu halten versuchen, bis schließlich die ganz Gruppe gemeinsam versucht, alle Ballons im Flug zu halten.

Bewegung und Spiel
- Vertrauensraum erweitern -

Ist auf diese Weise eine Basis für Offenheit, Vertrauen und Beziehungsentwicklung hergestellt, lassen sich vertiefende Übungen als weitere Schritte darauf aufbauen. Voraussetzung ist dafür, daß die Treffen *regelmäßig* mit Elementen von Bewegung und Spiel begonnen werden, als Warming-up und als Teil der thematischen Gruppenarbeit. (29)

SPIELRAUM ENTSTEHEN LASSEN: MIT KREATIVEN MEDIEN ARBEITEN

Einführung

Kreative Medien - wie Tücher, Farben, Schminke und der eigene Körper (z. B. beim Statuenbau) - dienen bei der bibliodramatischen Arbeit als *Mittler* zwischen den Jugendlichen und dem biblischen Text. Sie helfen, sich in gestalterischer Weise dem Text zu nähern. Dabei werden die schöpferischen Fähigkeiten und die Phantasie der Jugendlichen angesprochen. Ein unmittelbarer Gestaltungsprozeß wird ermöglicht und das heißt, eine unmittelbare Begegnung mit dem biblischen Text.

Durch die Gestaltung versetzen sich die KonfirmandInnen in Personen bzw. Situationen der biblischen Geschichte hinein und erleben sie näher, als wenn sie nur darüber gesprochen hätten. Es löst bei ihnen Erinnerungen an eigene ähnliche Erlebnisse aus und es entsteht eine *Beziehung* zwischen der biblischen Geschichte und ihrer eigenen Lebenswelt. Diese eigene Lebenswelt kann durch Gestaltung und Darstellung ebenfalls sehr anschaulich gemacht und dadurch zur Sprache gebracht werden. Das schafft eine Grundlage für Gespräche mit den KonfirmandInnen über Themen, die sie bewegen. Und im Spiel können Möglichkeiten probiert werden, wie biblische Geschichten die eigenen Verhaltensweisen verändern.

Bei solchen Gestaltungsprozessen sind *alle* Jugendlichen aus der Gruppe beteiligt. Sie alle tragen ihren Teil zur Annäherung an den biblischen Text bei. Es sind nicht nur immer "dieselben", die sich am Unterricht beteiligen. Die unterschiedlichen Begabungen und Fähigkeiten kommen zur Geltung. Da gibt es auch das Staunen über Fähigkeiten von KonfirmandInnen, die sonst eher Randfiguren der Gruppe sind. Durch die schöpferische Tätigkeit werden die eigenen gestalterischen Kräfte gestärkt. Die eigene Bilderwelt wird wahrgenommen, die KonfirmandInnen werden sich ihrer bewußt. (Das ist übrigens auch ein Schutz gegen die Manipulation durch Bilder, mit denen die Jugendlichen heute überschwemmt werden.)

Bei der Arbeit mit kreativen Medien ist zu bedenken, daß jedes Medium sein eigenes *geheimes Thema* hat. Es geht also in den jeweiligen Prozessen nicht nur um das vorgegebene inhaltliche Thema, sondern das geheime Thema des jeweiligen Mediums läuft immer mit. Das heißt, daß die Medien sehr behutsam und überlegt eingesetzt werden müssen und daß es nicht beliebig ist, mit welchem Medium jeweils gearbeitet wird. So setzt z. B. das gegenseitige Schminken Vertrauen voraus. Das Spiel mit Tüchern kann sehr kommunikativ sein, es ist immer bewegt. Das Gestalten mit Ton oder Knetgummi ist eine stille, mehr introvertierte Arbeit. Es wäre ein Mißbrauch, die Medien als Lückenbüßer einzusetzen: "Wir haben noch eine Viertelstunde Zeit, spielen wir noch ein bißchen mit Tüchern."

Der Arbeit mit kreativen Medien kommt gerade in der Konfirmandenarbeit eine besondere Bedeutung zu. Die KonfirmandInnen sind in einem Alter, in dem sie gerade erst beginnen, sich selber mit ihren Gefühlen und ihren eigenen Verhaltensweisen bewußt wahrzunehmen. Es fällt ihnen verständlicher- und legitimerweise schwer, sich in diesen Bereichen zu artikulieren. Die Gestaltungsarbeit bietet ihnen eine Möglichkeit, sich auszudrücken, ohne daß sie sich dadurch festgelegt fühlen. Das Spiel mit der Maske, mit der Puppe oder mit Figuren bietet ihnen Schutz. Sie können sich hinter der Maske, hinter der Puppe verbergen: "Ich sollte ja so eine Figur gestalten. Das war ja nicht ich, das war die Puppe, die dieses gesagt hat." Dieses Bedürfnis der Jugendlichen, sich zu schützen, sollte sehr ernst genommen werden. Ein zu direktes Aufdecken würde nur erschrecken und Vertrauen zerstören.

In der Arbeit mit Medien geschieht immer so etwas wie Enthüllung durch Verhüllung, indirekter Ausdruck von direkter Betroffenheit, spielerische Gestaltung vom Ernst des Lebens.

Marco Polo beschreibt eine Brücke, Stein um Stein.
"Doch welcher Stein ist es, der die Brücke trägt?"
fragt Kublai Khan.
"Die Brücke wird nicht von diesem oder jenem Stein getragen",
antwortet Marco, "sondern von der Linie des Bogens, den diese bilden."
Kublai Khan verharrt in nachdenklichem Schweigen. Dann setzt er hinzu: "Warum sprichst du von den Steinen? Nur der Bogen ist für mich von Bedeutung."
Polo erwidert:
"Ohne Steine gibt es keinen Bogen."

Italo Calvino

Imaginationsübungen

Gestaltungsvorgänge wie Malen oder Figuren-Kneten können auch unmittelbar begonnen werden, aber die Vorbereitung des Gestaltungsprozesses durch eine Imaginationsübung führt zu einer Vertiefung und Intensivierung des Prozesses. Darüber hinaus ermöglicht sie, daß die KonfirmandInnen sich auf ihre eigenen Eindrücke, Bilder und Gedanken besinnen, sich nicht durch andere irritieren oder beeinflussen lassen.

Solche Übungen können mit KonfirmandInnen ohne weiteres durchgeführt werden. Die KonfirmandInnen lassen sich in der Regel problemlos darauf ein, die Augen zu schließen, und sie entdecken eine Fülle eigener Bilder.

Durchführung

Die Übung beginnt damit, daß die KonfirmandInnen sich bequem hinsetzen oder auf den Boden legen.

> *Hinweis*
> Wird die Übung im Sitzen durchgeführt, so bleiben die KonfirmandInnen in der Regel mehr in der Bewußtseinsebene. Das kann dadurch verstärkt werden, daß sie zu Beginn gebeten werden, auf ihren Atem zu achten, auf das Einatmen, das Ausatmen und auf die Pause, die nach dem Ausatmen entsteht.
> Falls die KonfirmandInnen sich auf den Boden legen und außerdem mit ihnen eine Entspannungsübung durchgeführt wird, dringen sie mit ihren Erinnerungen und Bildern in tiefere Schichten ihres Bewußtseins ein.
> Es empfiehlt sich darum, daß die LeiterInnen es nicht dem Zufall überlassen, in welcher Haltung und mit welcher Vorbereitung die Imagination durchgeführt wird.

In einem nächsten Schritt werden die KonfirmandInnen aufgefordert, ihre Augen zu schließen, noch einmal die Bilder und Gedanken, die sie gerade beschäftigt haben, vor ihrem inneren

Auge vorbeiziehen und langsam zur Ruhe kommen zu lassen. In die Stille hinein wird das Thema genannt, zu dem sie gebeten werden, ihre Gedanken und Bilder wahrzunehmen. Die Zeit der Stille sollte - wenn man mit solchen Übungen beginnt - nicht länger als eine Minute dauern, kann aber im Verlauf der Konfirmandenzeit verlängert werden.

Zum Abschluß der Imagination werden die KonfirmandInnen gebeten, mit ihren Gedanken zurückzukommen zu sich selber, in den Raum, in dem sie sich jetzt befinden, und zu den anderen KonfirmandInnen, die mit ihnen in dem Raum sind. Danach öffnen sie langsam ihre Augen, bleiben aber noch einen Augenblick bei den Bildern und Gedanken, die sie wahrgenommen haben.

Die Themen ergeben sich aus dem jeweiligen Arbeitszusammenhang. Sie können u. a. folgende Bereiche berühren:

o Selbstwahrnehmung der KonfirmandInnen. Dies sollte aber nie abstrakt, sondern im Zusammenhang mit konkreten Erlebnissen der KonfirmandInnen geschehen, z.B. zu der Frage: Welche Rolle habe ich in Gruppen?

  Erfahrung
  In einer Konfirmandengruppe wurden im Anschluß an eine Imagination zu dieser Frage von den Konfirmandinnen und Konfirmanden Bilder zu ihrer jeweiligen Situation gemalt, über die dann gesprochen wurde. Dabei stellte sich heraus, daß sich alle KonfirmandInnen bis auf eine einzige als AußenseiterInnen in der Gruppe dargestellt hatten. Das war einerseits für die KonfirmandInnen ein gutes Erlebnis, weil ihnen daran klar wurde, daß sie mit ihrer Selbstwahrnehmung durchaus nicht aus dem Rahmen fielen. Andererseits hatten sie sich durch ihre Äußerungen den anderen in ihrer Verletztbarkeit gezeigt und haben damit einen Schritt getan, der für sie ungewohnt ist. Solche Äußerungen verlangen von der Leiterin/dem Leiter eine große Behutsamkeit.

o Alltagssituationen der KonfirmandInnen, z.B. erlebte Hilfsbereitschaft in der Schule, in der Familie oder auf der Straße.

- o Die KonfirmandInnen können auch gebeten werden, an einer biblischen Geschichte entlang Bilder vor dem inneren Auge entstehen zu lassen, bei einem Bild stehenzubleiben und sich dieses genauer anzusehen.
- o In gleicher Weise kann mit einer Erzählung umgegangen werden.
- o Die KonfirmandInnen können einzelne Personen aus einer Geschichte entdecken und sie sich näher ansehen.

Überlegung
Grundsätzlich ist es sinnvoll, bei Imaginationsübungen positive Begriffe einzugeben, zu denen die KonfirmandInnen ihre Bilder und Erinnerungen entdecken können. Selbst bei längeren Einheiten kann es ja nicht die Absicht sein, die KonfirmandInnen bewußt in negative Erlebnisse hineinzuführen. Die Konfirmandenzeit ist nur sehr begrenzt geeignet, solche Erfahrungen aufzuarbeiten.

Außerdem sind Imaginationsübungen mit KonfirmandInnen kein Selbstzweck. Die Erlebnisse und Bilder, die die KonfirmandInnen erinnert oder entdeckt haben, fließen in einen Gestaltungsprozeß ein. Und dabei wird das, was sie bewegt hat, nicht nur sichtbar, anschaubar gemacht, sondern auch umgesetzt und damit bereits verarbeitet.

Malen und Gestalten von Bildern

Malen, Zeichnen, Formen, Gestalten - das Spiel mit Farbe und Form im Unterschied zum Spiel mit dem Körper, zur Darstellung: Beides sind sich ergänzende Mitteilungsmöglichkeiten des Menschen. Durch sie können innere Vorgänge, Phantasien, Gefühle, Empfindungen, Stimmungen, Formen sichtbar gemacht werden, Gestalt annehmen.

Überlegung
Beim Malen, Zeichnen oder Formen im Konfirmandenunterricht ist lediglich davor zu warnen, daß dieses Medium zu oft eingesetzt wird. Dann stöhnen die Konfirmanden zu Recht: "Schon wieder malen!" - Davon abgesehen ist aber das Gestalten von Bildern ein Medium, dem eine vielfältige Bedeutung zukommt:

- Alle Konfirmanden sind über das Malen an der inhaltlichen Auseinandersetzung mit dem Thema beteiligt. Die Begabungen sind anders verteilt als beim Reden.
- Die Inhalte, die die Konfirmanden bei einem Thema oder einer biblischen Geschichte bewegen, werden sehr viel unverfälschter sichtbar als in einem Gespräch, in dem mehr die Denkfähigkeit abverlangt wird.
- So ermöglichen die Bilder Gespräche, die sehr direkt an Vorstellungen und Erfahrungen der Konfirmanden anknüpfen.
- Beim Malen wird nicht nur das Vertrautwerden und Umgehen mit den eigenen Bildern geschult, sondern in der Weiterführung auch das Wahrnehmen der anderen, das aufeinander Achten.

Die Konfirmanden helfen damit dem Unterrichtenden, die Themen für die Weiterarbeit zu finden. Sie sind an der inhaltlichen Gestaltung des Unterrichts beteiligt. Es ist dann allerdings Aufgabe des Leiters, immer wieder auf den biblischen Text zurückzuführen und auf dessen leitende Impulse hinzuweisen.

Vielfältige Gestaltungsmöglichkeiten

- Zum Malen und Zeichnen können u.a. Blei-, Bunt- oder Filzstifte verwandt werden, Ölkreiden, Wasser- und Fingerfarben.
- Es kann auf weißem, buntem oder schwarzem Papier, auf den unterschiedlichsten Größen und Formaten (quadratisch, rechteckig, kreisförmig) gemalt werden, auf Dias oder Stoff.
- Es kann alleine, zu zweit oder auch in größerer Gruppe gemalt werden.
- Spielregeln können vorgegeben werden, z.B.: "Malt mit geschlossenen Augen!" Oder: "Schneidet Figuren und Formen aus euren Bildern aus und setzt sie neu zusammen!"
- Eine weitere Gestaltungsmöglichkeit sind Collagen. Als Material eignen sich ausgeschnittene oder ausgerissene Papier- oder Stoffstücke, die - aufgeklebt - durch zeichnerische Elemente ergänzt und miteinander verbunden werden können.
- Kleine Skulpturen können aus Knetgummi oder Töpferton geformt werden. Die Skulpturen können mit zuvor gemalten Bildern in Verbindung gebracht, in sie hineingestellt werden.

> *Hinweis*
> Bei Collagen ist es ebenso wie beim Malen sinnvoll, die KonfirmandInnen in kleinen Gruppen arbeiten zu lassen, einerseits, weil in der Gruppe bereits eine Auseinandersetzung mit dem Thema stattfindet und zum anderen, weil die Schwächen Einzelner nicht in Erscheinung treten und die Angst, sich zu blamieren, geringer wird.
> Wir arbeiten bei Collagen nicht mit Bildern aus Zeitschriften und Zeitungen, weil dadurch die Gedanken in der Regel durch andere Themen abgelenkt werden.

Unterschiedliche Dichte durch unterschiedliche Methoden

Das methodische Vorgehen ist nicht beliebig. Das Zeichnen mit dem Bleistift ist z.B. ein distanzierteres Arbeiten als etwa das Malen mit Fingerfarben oder das Formen einer Tonfigur, womöglich mit geschlossenen Augen. Je klarer die Aufgabenstellung begrenzt ist, um so stärker kann sich die Phantasie der Malenden auf einen Punkt konzentrieren. Lachen und Albernheiten sind bei Konfirmanden nicht unbedingt als Störung gemeint. Beim Malen geht es ja auch um Selbstdarstellung. Das Lachen hilft den Konfirmanden, eine gewisse Schamgrenze zu überwinden.

Innere Bilder, äußere Bilder

Sicher kann man die Konfirmanden durchaus unvorbereitet malen lassen, sei es am Anfang einer thematischen Einheit, um zu sehen und auch darüber zu sprechen, welche Vorstellungen sich bei ihnen zu dem Thema finden oder am Ende, um zu erfahren, wie das Thema von den Konfirmanden verarbeitet worden ist.

Ein anderer Einstieg ist, die Konfirmanden zunächst ihre eigenen inneren Bilder entdecken zu lassen (1). Wenn ich das vorhabe, bitte ich sie, sich bequem und entspannt hinzusetzen, wenn sie mögen, die Augen zu schließen und die Bilder wahrzunehmen, die ihnen zu einer biblischen Geschichte kommen, die ich vorlese oder erzähle. Ich lese bzw. erzähle die Geschichte zweimal und bitte die Konfirmanden anschließend, bei einem Bild stehen zu bleiben und es sich genauer anzusehen. Nach einer gewissen Zeit bitte ich sie dann, mit ihren Gedanken zurückzukommen, ihre Augen wieder zu öffnen, sich zu recken und zu strecken. Danach wird das Bild gemalt.
Wichtig ist dabei, daß kein Konfirmand unter Druck gesetzt wird, d.h. zum Beispiel, nicht gezwungen wird, die Augen zu schließen. Und wenn ihm keine Bilder gekommen sind, kann er malen, was ihm später einfällt, oder er schreibt seine Gedanken auf. Er kann aber auch ermutigt werden, das, was sich scheinbar nicht zu malen lohnt, doch aufzuzeichnen.

Unterschiedliche Formen der Weiterarbeit

Den Text auslegen

Dabei wird dieser Satz wörtlich genommen: Wir legen den Text aus. - Der Leiter liest noch einmal die biblische Geschichte vor. Jedesmal, wenn er an eine Stelle kommt, zu der ein Konfirmand ein Bild gemalt hat, legt dieser sein Bild auf den Boden. Die verschiedenen Bilder werden aneinandergelegt, so daß ein Gesamtbild entsteht, an dem sichtbar wird, an welchen Worten bzw. Ereignissen die Konfirmanden stehengeblieben sind und wie sie diese durch ihre Bilder interpretiert haben. An dieser "Auslegung" kann abgelesen werden, welche Inhalte die Konfirmanden am meisten bewegen und wo sie ihre Schwerpunkte gesetzt haben.

Das Gespräch

Bei kürzeren Unterrichtseinheiten wird das Malen in der Regel durch ein Gespräch weitergeführt. Das genaue Hinsehen auch auf die Bilder der anderen und die Offenheit füreinander müssen dabei erst gelernt werden.

Die Konfirmanden beginnen ja erst, sich selber bewußt wahrzunehmen, und es fällt ihnen schwer, das vor anderen in Worte zu kleiden, was sie in ihren Bildern für sich und andere sichtbar gemacht haben.

Manchmal sehen und bemerken sie allerdings sehr Entscheidendes, aber sie benennen es oft nur nebenbei. Ich habe die Konfirmanden immer als sehr aufmerksam erlebt, wenn ich solche Gedanken später zum Beispiel in der Andacht wieder aufgenommen und ihnen Beachtung geschenkt habe.

Weiterführung mit anderen Medien

Es kann natürlich auch ohne das zwischengeschaltete Gespräch mit neuen Medien unmittelbar an den Bildern weitergearbeitet werden.

- So kann z.B. ein gemaltes in ein "lebendes" Bild, in eine Statue übertragen werden.
- Die KonfirmandInnen können sich zu ihren Bildern eine neue Geschichte ausdenken und sie als Puppenspiel aufführen.
- Weiterhin kann man große Papiertüten als Masken zu Personen auf den Bildern gestalten und mit ihnen in ein szenisches Spiel kommen.

"Lebende Bilder" in der Konfirmandenarbeit

Der Begriff "Lebende Bilder" stammt aus der Gesellschaft um 1900. Bei Festen und Wohltätigkeitsveranstaltungen war es beliebt, Szenen der Jagd, aus der Geschichte oder aus der Literatur mit lebenden Personen als Bilder, manchmal sogar in einem großen Holzrahmen, darzustellen. Die Gruppe formierte sich hinter einem Vorhang, reich kostümiert und mit vielen Requisiten. Der Vorhang wurde dann beiseite gezogen, und das Publikum beklatschte das "lebende Bild".

Inzwischen sind solche "lebenden Bilder" längst in die Theaterarbeit eingeflossen, z.B. als Erstarren- und Einfrierenlassen von Szenen oder auch als Statuentheater. In der Konfirmandenarbeit sprechen wir vom "Statuenbauen". Darunter versteht man, daß Einzelne oder Gruppen sich selber oder gegenseitig zu einer Statue, zu einem Standbild unter einem ausgewählten Thema bauen und darin erstarren. Das Thema kann eine bestimmte Situation einer Geschichte sein, wie etwa die des Perlenhändlers aus dem Gleichnis Jesu, als er alles, was er hat, verkauft, um *die* eine Perle zu erstehen, oder es kann ein einzelner Begriff wie Baum oder Meer, eine Gegenüberstellung wie Pharisäer und Zöllner oder eine Gemütsbewegung wie Erstaunen und vieles mehr sein. Obwohl die Bilder statisch sind, können sie sehr spannungsreiche Zustände ausdrücken.

Überlegung
In der Konfirmandenarbeit werden wir vielleicht noch mehr als anderswo damit konfrontiert, daß Menschen über Bilder heute besser ansprechbar, erreichbar sind als über Worte. Es ist kaum noch vorstellbar, daß Konfirmanden im Unterricht nicht auch visuell über Dias, Poster oder eigenes Malen angesprochen werden.

Das Arbeiten mit "lebenden Bildern", das Statuenbauen, geht hier noch einen Schritt weiter. Die eigenen Bildvorstellungen und

Assoziationen kommen zur Darstellung durch eine sehr direkte Beteiligung der eigenen Person. Die Bilder werden ja durch den eigenen Körper gestellt. Dabei wird nicht nur die eigene Vorstellung dem Betrachter sehr unmittelbar vermittelt und anschaubar gemacht, sondern es kommt über die Identifizierung mit Personen, Sachverhalten, Gemütsbewegungen - die Spieler begeben sich ja selber mit ihrem Körper in das Geschehen hinein - zu sehr unmittelbarem Erleben und zu neuen Erfahrungen. Mit diesem Erleben gehen die Konfirmanden in die Geschichte hinein und sie lernen in diesem Zusammenhang, ihre schöpferischen Fähigkeiten spielerisch wahrzunehmen.

Da das Gestalten von Standbildern das Wesentliche herausarbeitet, alles Überflüssige wegläßt und die schauspielerischen Möglichkeiten der KonfirmandInnen nicht strapaziert, bietet es sich in besonderer Weise für Darstellungen in der Öffentlichkeit, z.B. im Gottesdienst, an. Dem Zuschauer wird Zeit gegeben, bei einem Bild zu verweilen und seinen Gedanken nachzugehen.

Eine nicht unwichtige Voraussetzung bei dieser Arbeit ist die Gruppengröße. Die Gruppe sollte nicht zu groß sein - die Arbeit setzt Vertrauen voraus -, aber auch nicht zu klein, da es sinnvoll ist, in Untergruppen zu arbeiten. In diesen Kleingruppen sollen die "lebenden Bilder", die Statuen, erarbeitet werden, um in der größeren Gruppe gezeigt und mit denen der anderen Gruppen in ihrer Aussage verglichen zu werden: Was ist dieser Gruppe wichtig gewesen, was jener?

Da alle KonfirmandInnen der Gruppe irgendwann ihr lebendes Bild den anderen zeigen, kommen sie nicht so leicht auf den Gedanken, sich gegenseitig auszulachen oder zu veralbern.

Spielerische Hinführung

Ein sehr munteres Vorbereitungsspiel ist das "Verzauberungsfangen". Einer aus der Gruppe muß versuchen, wie beim normalen Kriegenspielen einen anderen abzuschlagen. Die anderen können sich dem entziehen und zu einer Statue erstarren. Diese Spieler müssen allerdings so lange in dieser Gestalt verharren, bis ein anderer Spieler sich ihnen gegenüber spiegelverkehrt in die gleiche Haltung begibt, in der sie sich befinden. Dadurch werden sie "erlöst" (2). Einen weiteren spielerischen Zugang zum Statuenbauen bietet das "Atomspiel" (3).

Verschiedene Möglichkeiten des Statuenbauens

I. Sich selbst in eine Statue verwandeln

Aus der Bewegung erstarren
Die Konfirmanden gehen durch den Raum, jeder sucht sich seinen eigenen Weg. Auf einen Stoppruf des Leiters hin bleiben die KonfirmandInnen stehen, verwandeln sich in einen Begriff, der ihnen vorgegeben wird, und erstarren in dieser Haltung. Mit dieser Übung kann eine Geschichte vorbereitet werden, z.B. Apostelgeschichte 3: "Die Heilung des Lahmen vor der schönen Pforte des Tempels". Zu dieser Geschichte können sich die KonfirmandInnen etwa in Priester verwandeln, nach der Auflösung der Figur beim nächsten Stoppzeichen in Bettler oder in Pharisäer, in Zöllner, in Händler, in Apostel. Dies ist eine Möglichkeit, sich in das Umfeld einer Geschichte einzuleben.

Sich nacheinander zu einer Statue stellen
Eine Konfirmandin beginnt, sich zu einem Thema als Statue zu stellen. Eine Zweite stellt sich dazu, danach eine Dritte und Vierte. Die Konfirmanden, die sich dazustellen, sollen darauf achten, daß ein gemeinsames Gesamtbild entsteht. So kann etwa die Gruppe der Menschen gestellt werden, die in der Zachäus-Geschichte auf Jesus wartet. Im Anschluß kann darüber gesprochen werden, wie die Menschen in dieser Gruppe gewartet haben, welche Erwartungen sie haben.

Eine Situation festhalten
In kleinen Gruppen bekommen die KonfirmandInnen die Aufgabe, einen bestimmten Augenblick in einem Handlungsablauf

wie auf einem Foto festzuhalten und als "lebendes Bild" darzustellen. So kann z.B. der Augenblick dargestellt werden, in dem die zehn Jungfrauen, die auf den Bräutigam warten, geweckt werden. Wenn nur vier Spieler in der kleinen Gruppe sind, so schadet das nichts, entweder können zwei die klugen und zwei die törichten Jungfrauen darstellen, oder es bleibt den einzelnen überlassen, wen sie darstellen wollen: Möglicherweise werden nur die klugen oder die törichten Jungfrauen dargestellt. Im anschließenden Gespräch kann herausgearbeitet werden, was die einzelnen Darsteller wohl - nach ihrer Haltung zu urteilen - in diesem Augenblick bewegt hat, und es kann gefragt werden, warum die einzelnen diese oder jene Figur gewählt haben.

Das Wesentliche herausarbeiten
Das kann z.B. bei dem Gleichnis vom Perlenhändler eine Darstellung des Händlers in dem Augenblick sein, als er sich von dem Alten löst und dem Neuen zuwendet. Interessant wird es, wenn die darstellende Gruppe aus mehr Personen besteht, als Personen in der Geschichte vorkommen. Die übrigen Spieler werden dann etwa bei dem Gleichnis vom Perlenhändler die Dinge darstellen, von denen sich der Händler trennt, und das Gut, dem er sich zuwendet.

Die KonfirmandInnen können aber auch mit einem "lebenden Bild" die Hände darstellen, die sich in Unschuld waschen, oder Gemütsbewegungen, wie z.B. das Erschrecken der Menschen bei der Begegnung mit dem Auferstandenen. Oder Verhaltensweisen, wie das Verleugnen des Petrus in der Passionsgeschichte.

II. Sich gegenseitig zu einer Statue bauen

Die Konfirmanden können sich gegenseitig zu Statuen bauen, etwa zum verlorenen Sohn oder zu seinem älteren Bruder. Das setzt allerdings eine längere Vorbereitungszeit voraus, weil die Konfirmanden in der Regel erst lernen müssen, behutsam mit dem Körper eines anderen umzugehen (und auch mit ihrem eigenen). Es soll ja nicht die Erfahrung vermittelt werden, daß der Andere, wenn ich mich ihm anvertraue, mein Vertrauen mißbraucht.

In einer geübten Gruppe, in der Vertrauen herrscht, kann auch mit folgender Übung gearbeitet werden, die ausführlicher vorgestellt werden soll.

III. Statuenbauen in Dreiergruppen

Sich einstimmen

- Auf einem Platz im Raum stehen, der Bewegungsfreiheit bietet.
- Das Gewicht des Körpers an den Boden abgeben. Die Fußwölbungen spüren.
- Das Gewicht vom rechten Fuß auf den linken Fuß verlagern. Jeweils den unbelasteten Fuß ein wenig abheben. Die dazu notwendige Anstrengung bewußt wahrnehmen. Wieder gleichmäßig beide Füße belasten.
- Das rechte Knie leicht heben, wieder senken. Das gleiche mit dem linken Knie.
- Die rechte Schulter heben, halten, plötzlich fallenlassen. Die linke Schulter heben, halten, plötzlich fallenlassen. Beide Schultern gleichzeitig heben und fallenlassen.
- Den rechten Unterarm, dann den linken Unterarm bewegen. Beide gleichzeitig. Die Ellbogen abwechselnd, dann beide heben, halten und spüren, von wo aus sie bewegt werden.
- Den rechten Arm im ganzen heben, fallenlassen. Links das gleiche und beide zusammen.
- Den Kopf langsam im Kreis führen - in beiden Richtungen.

Durchführung

Es werden Dreiergruppen gebildet. Zwei in der Gruppe sind die "Aktiven". Der Dritte steht zwischen den beiden Aktiven und ist passiv. Er kann die Augen offen lassen oder schließen. Die Aktiven formen den Passiven zu einer Statue.

Nachdem eine Statue gebaut ist, werden nacheinander auch die beiden anderen geformt. Der ganze Ablauf geschieht ohne Sprechen.

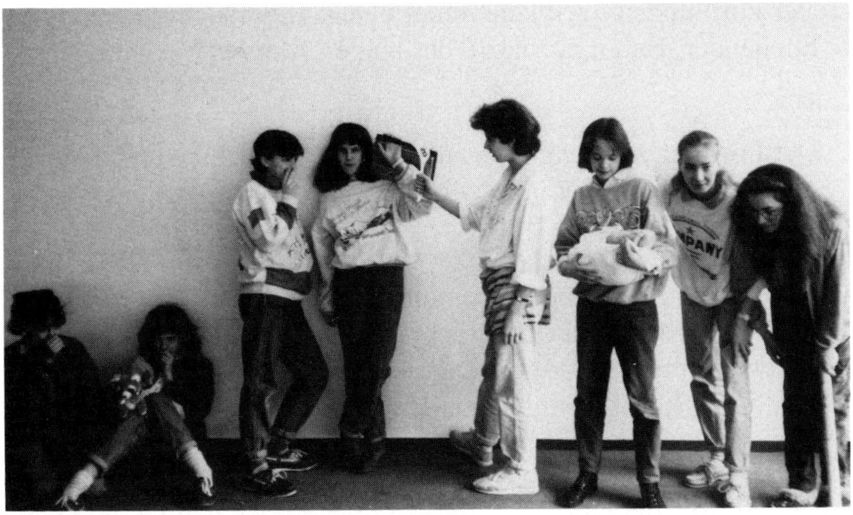

Hinweis

Wichtig ist, daß der Passive sich formen läßt, d.h. genügend weich ist, um sich bewegen zu lassen und genügend Festigkeit hat, eine Form zu halten, in die er gebracht wird. (Unter Umständen hilft der Hinweis für den Passiven, er sei wie Draht, formbar und stabil zugleich.) Die Aktiven achten darauf, daß sie nicht gleichzeitig formen, sondern nacheinander. Beim Formen ist es wichtig, daß alle drei nicht das Ziel haben, möglichst schnell zu einem Standbild zu kommen, sondern jeder von ihnen den Prozeß der Gestaltung erlebt. Es geht also darum, den jeweils zu bewegenden

Körperteil so langsam und behutsam in eine andere Lage zu bringen, daß Aktive und Passiver das Gewicht des Körperteils und die Spannung, die zum Halten notwendig ist, spüren.

Variationen

- Der Formungsprozeß kann unter einem Begriff geschehen (z.B. Fliehender, Baum, Denker), der beiden Aktiven bekannt ist.

Oder:

- Der Formungsprozeß kann zur Darstellung eines Gefühls genutzt werden, z.B. Verlassenheit, Furcht, Überlegenheit.

Oder:

- Der Prozeß kann eine Beziehung deutlich machen, z.B. der Passive wird erst zu einem Schläger, dann zu einem Geschlagenen geformt, erst zu einem Käufer, dann zu einem Verkäufer ... mit möglichst wenig Veränderung.

Oder:

- Der Prozeß kann auch für den Gruppenprozeß genutzt werden: z.B. wird ein Wortpaar vorgegeben wie Schüler/Lehrer, Pharisäer/Zöllner ... Die beiden Aktiven sprechen nicht ab, was sie bauen wollen und versuchen, sich nonverbal zu einigen. Der Passive errät zum Schluß, was er darstellt.

Im Anschluß an das Statuenbauen sprechen die Dreiergruppen über folgende Fragen:

- Wie wurde der Prozeß wahrgenommen?
- Gab es unangenehme Momente während des Formens?
- Gab es Unterschiede in der Art des Formens zwischen den Aktiven? (4)

Mit all diesen Ansätzen kann natürlich auch zu Fragestellungen aus der Lebenswelt der Jugendlichen gearbeitet werden. Daß das gerade in Zusammenhang mit den biblischen Geschichten möglich ist, wird in diesem Buch deutlich gemacht. So kann eine biblische Geschichte z.B. dadurch ausgelegt und in einem Gottesdienst gestaltet werden, daß die KonfirmandInnen zu einzelnen Sentenzen des Textes assoziativ Bilder aus ihrer Lebenswelt stellen (und dadurch den Text wie auch ihre Lebenswelt durch den Text interpretieren).

Weiterarbeiten mit den Statuen

In Bewegung setzen
Wenn die KonfirmandInnen, die z.B ein Bild zu den zehn Jungfrauen gestellt haben, anfangen, sich aus ihrer Erstarrung heraus zu bewegen, wird die Intention des Bildes für den Betrachter deutlicher.

Das "lebende Bild" verändern
Zu der Geschichte von der Auferweckung des Lazarus kann zunächst ein Bild gebaut werden zu dem Thema: "Die Trauer der Menschen nach dem Tod des Lazarus". Die weiterführende Aufgabe kann dann heißen: "Wie verändert sich das Bild, nachdem die Menschen erlebt haben, daß Lazarus erweckt worden ist? Geht langsam von der einen Statue in ein neues ‘lebendes Bild’."

Zum Kinderevangelium kann zunächst ein Bild gestellt werden, das darstellt, wie die Jünger die Kinder abwehren. Dieses Bild kann unter der Fragestellung verändert werden: "Was geschieht, nachdem Jesus gesagt hat: "Lasset die Kinder zu mir kommen und wehret ihnen nicht, denn solcher ist das Reich Gottes"?"

Die Zuschauer verändern das "lebende Bild"
Bei dieser Übung ist wieder das behutsame Umgehen miteinander Voraussetzung. Dann kann jeweils ein Konfirmand einen anderen, der sich z.B. selber die Gestalt des Lahmen gegeben hat, umgestalten zu dem Wort des Petrus aus Apostelgeschichte 3: "Sieh uns an! Silber und Gold habe ich nicht, was ich aber habe, das gebe ich dir. Im Namen Jesu Christi von Nazareth stehe auf

und wandle." Dabei können die Passiven nachspüren, was sich bei ihnen dadurch, daß ihnen eine neue Haltung gegeben wird, stimmungsmäßig verändert.

Hinweis
In der Regel wird gleich im Anschluß an jedes Bild, das von einer Gruppe gezeigt wird, ein Gespräch geführt.

- Zunächst beschreiben die Betrachter, was sie gesehen haben,
- wie sie das Gesehene vom Thema her interpretieren.
- Danach sagt die Gruppe, was sie hat darstellen wollen.
- Die Aussagen der Gruppen werden mit den Aussagen des biblischen Textes verglichen.

Überlegung
Die Konfirmanden sind oft durch die "lebenden Bilder" sehr angerührt und offen für Gespräche, die mit großem Ernst geführt werden. Ich denke, daß es unabdingbar ist, das, was die Konfirmanden gesehen haben, was ihnen wichtig gewesen ist und was sie zu einem Bild assoziieren, ernstzunehmen, und das heißt, im Gespräch darauf einzugehen. Gerade das Herausarbeiten der Unterschiede zwischen den eigenen Aussagen und denen der biblischen Texte kann helfen, das Evangelium zu verstehen.

"Lebende Bilder" im Gottesdienst

Stationen einer Geschichte
Eine Konfirmandengruppe kann zu den Stationen einer Geschichte "Lebende Bilder" gestalten; also etwa bei dem Gleichnis vom verlorenen Sohn zu einem Gespräch mit dem Vater, zum Aufbruch, zu seinem Leben in der Fremde, zu seiner Heimkehr, zum Ärger des älteren Bruders und zu dem Fest, das gefeiert wird. Bilder können aber auch assoziativ zu einzelnen Textstellen gestellt werden: Gib mir, Vater, das Teil der Güter, das mir gehört

- er fing an zu darben - da schlug er in sich - ich bin hinfort nicht mehr wert, daß ich dein Sohn heiße - es jammerte ihn - usw. (Luk. 15)

Text und Präsentation
Beim Gottesdienst kann so vorgegangen werden, daß der Lektor jeweils einen Textabschnitt liest und die Gruppe im Anschluß daran ein "lebendes Bild" stellt und einen Augenblick darin verharrt. Sie löst das Bild wieder auf, bleibt aber im Altarraum oder am Rande des Altarraumes stehen. Der Lektor liest einen weiteren Textabschnitt, hält inne, die Gruppe stellt ein neues Bild. Der typische Satz kann noch einmal zu einem Bild wiederholt werden.

Kleine Szenen
Natürlich kann auch so gearbeitet werden, daß das Bild anfängt, sich zu bewegen und dann zu einem neuen Bild erstarrt. Es können auch einfache Requisiten einbezogen, Tücher zum Verkleiden oder als Kulisse verwendet werden.

Ergänzende Textlesung
Manchmal genügen schon Bilder allein, um die Gemeinde zu eigenen Assoziationen und zu einer intensiven Auseinandersetzung mit dem Text anzuregen. Zu den "lebenden Bildern" können aber auch meditative Texte gelesen werden, die möglicherweise von den Konfirmanden selber erarbeitet worden sind.

Überlegung
Eine solche Darstellung im Gottesdienst muß sehr gründlich vorbereitet werden, damit die Konfirmanden sich sicher fühlen und ihre Scheu, sich öffentlich darzustellen, überwinden. Bei der Vorbereitung sollte besonders darauf geachtet werden,

- daß die Konfirmanden sich ganz auf die Darstellung konzentrieren und körperlich wirklich erstarren.
- Dabei hilft es, wenn die Augen sich einen festen Punkt suchen und auf diesen gerichtet bleiben.

Die Konzentration überträgt sich auf den Zuschauer und hilft ihm, seine eigenen Bilder zu einem biblischen Text zu finden. Im Blick auf die Form der Darstellung sollte der Leiter darauf achten, daß die verschiedenen Möglichkeiten der Bewegung wahrgenommen werden, also auch Beugen und Drehen des Körpers. Für den Gesamtaufbau des Bildes ist wichtig, daß die Spieler nicht alle in der gleiche Höhe stehen oder sitzen, sondern verschiedene Positionen einnehmen.

Für die Konfirmanden wird durch diese Arbeit nicht nur ein neuer Zugang zu biblischen Texten erschlossen, sondern sie werden aktiv in die Gestaltung des Gottesdienstes mit hineingenommen und lernen, sich dadurch in einer ganz anderen Weise mit ihm zu identifizieren.

Erfahrung
"Ich wart', daß einer mit mir geht."
Wir waren gebeten worden, für einen Gottesdienst eine kurze Szene bzw. lebende Bilder zu der zweiten Strophe des Liedes "Ich möcht', daß einer mit mir geht" zu gestalten. Der Text: "Ich wart', daß einer mit mir geht, der auch im Schweren zu mir steht, der in den dunklen Stunden mir verbunden, ich wart', daß einer mit mir geht".
Zunächst haben sich die Konfirmanden in kleinen Gruppen darüber ausgetauscht, wo sie solche Situationen selber oder bei anderen erlebt haben. Sie haben dazu lebende Bilder gestellt. Das Thema der meisten Bilder hieß: "Außenseiter in einer Gruppe sein".
Wir haben gefragt, was bedeutet es eigentlich für uns, wenn wir zu jemand anderem in einer solchen Situation stehen, so wie es in dem Lied heißt. Und wir haben mit dem Bild einer Gruppe praktisch an dieser Frage gearbeitet.
Das Bild: Drei Spieler standen zusammen und zeigten auf einen, der abseits stand, kicherten und flüsterten miteinander. Drei andere Konfirmanden wurden aufgefordert, sich so zu der Gruppe zu stellen, daß daran deutlich wurde, daß sie zu dem Außenseiter stehen.
Zunächst gingen sie tatsächlich zu dem Außenseiter, stellten sich neben ihn und lachten nun die andere Gruppe aus, gerade so, wie diese den Außenseiter ausgelacht hatten. Sie merkten aber bald, daß sich dadurch eigentlich nichts änderte. In einem zweiten Versuch stellten sie sich still neben den Außenseiter und gingen mit ihm gemeinsam weg. Aber auch mit dieser Lösung waren sie nicht zufrieden.
Schließlich kamen sie auf die Idee, sich auf die Seite derer zu stellen, die den Außenseiter verspottenen. Aber sie nahmen dabei ein andere

Haltung ein und einer von ihnen bog den Arm dessen hinunter, der höhnisch auf den Außenseiter zeigte. Dadurch veränderte sich die Haltung der "Insider" insgesamt und damit auch die Rolle des Außenseiters.

Überlegung

Bereits in der ersten Phase haben die Konfirmanden ihre Erfahrungen und Erlebnisse im Zusammenhang mit der Strophe zur "Sprache" gebracht. Sie haben ein Thema - "Außenseiter" - genannt, das sie bedrängt und das in ihren Gesprächen üblicherweise ausgeklammert wird. Das Thema ist ihnen nicht vorgegeben worden, sie haben es selber eingebracht.

Auch die Lösung der Außenseiter-Problematik wurde von ihnen selber erarbeitet. Sie haben dabei erfahren, daß das "Zu-einem-stehen" nicht so einfach zu gestalten ist, wie es zunächst klingt. Das hat auch mit Arbeit zu tun. Aber sie haben in dem Spiel diese Alternative zu ihren üblichen Erfahrungen in der Schule und in der Familie erlebt und damit eine neue Lebensmöglichkeit entdeckt. Abgesehen davon, daß eine solche Alternative für das Leben Ausdruck, Gestaltwerden des christlichen Glaubens ist, kann auch das ganze Lied in seiner Christusbezogenheit anders gehört werden.

Maskenbau und Maskenspiel

Die Methoden des Maskenbaus sollen hier nicht ausführlich beschrieben werden, da es dazu inzwischen weitreichende Literatur gibt (5). Es soll nur auf einige Möglichkeiten und ihre Umsetzung in der Konfirmandenarbeit hingewiesen werden.

Der Gestaltungsprozeß

Der Bau von festen Masken aus Pappmaché (mehrere Pappschichten übereinander von einer Tonform abgenommen) ist ein intensiver Prozeß, der auch für das Beisammensein der Gruppe - wie jede gemeinsame Werkstattarbeit - eine sehr positive Bedeutung hat. Beim Bau der eigenen Maske entstehen Enttäuschung und Freude. Da alle an dem gleichen Gestaltungsprozeß beteiligt sind, wird niemand ausgelacht. Dieser Vorgang ist allerdings sehr zeitaufwendig und nur sinnvoll auf einer längeren Freizeit oder an mindestens zwei Sonnabenden hintereinander. Eine so aufwendige Arbeit lohnt sich nur, wenn ein konkretes Ziel vorliegt, wie etwa die Aufführung in einem Gottesdienst - es sei denn, der Hauptakzent wird auf den Maskenbau selber und auf die Begegnung mit der Maske gelegt.

Für eine einfachere Form der Maskenherstellung können aus dickem Papier bzw. Pappe Masken ausgeschnitten, gerissen, geklebt oder bemalt werden. Auch aus Draht können Masken geformt und mit Stoff bzw. Kreppapier bekleidet werden. Eine weitere Möglichkeit besteht darin, große Papiertüten zu bemalen, Augen auszuschneiden, die Tüte zu knüllen, zu bekleben und auf alle möglichen Weisen zu gestalten.

Übungen zum Maskenspiel

Zunächst machen sich die KonfirmandInnen mit ihrer Maske und mit denen der anderen vertraut. Bei einer freien Gestaltung der

Masken überlegen die KonfirmandInnen,

- welchen Namen ihre Maske hat
- woher sie kommt,
- wofür sie sich interessiert,
- welche Tätigkeit sie ausübt,
- wie alt sie ist und ähnliches.

Bei Masken, die zu biblischen Geschichten gebaut worden sind, kann gefragt werden:

- Wie wirkt sie auf mich/auf euch?
- Was meint ihr, wie ihr Zuhause aussieht?
- Was für Wünsche hat sie?
- Wovon träumt sie?

Natürlich können die KonfirmandInnen auch einen Brief an ihre Maske schreiben. Im Anschluß daran blicken die KonfirmandInnen mit ihren Masken in einen Spiegel, bewegen sich vor dem Spiegel mit der Maske und versuchen, eine Geste zu finden, die zu ihrer Maske paßt.

Beim Maskentheater steht die Maske im Vordergrund. Deshalb kommt es darauf an, daß alle Bewegungen von der Maske ausgehen. Das kann in folgender Weise vorbereitet werden: Die KonfirmandInnen werden gebeten, zunächst ohne Maske durch den Raum zu gehen und sich dabei als "Nasenmenschen" von der Nase führen zu lassen. Dann werden sie zu "Bauchmenschen" und lassen sich von ihrem Bauch führen. Jeweils andere Körperteile wie eine Hand, die Stirn, eine Schulter oder auch ein Knie übernehmen anschließend die Führung. Daran schließt sich ein Spaziergang mit der Maske an, bei dem die KonfirmandInnen sich durch die Maske führen lassen. Die Maske geht jeder Bewegung voran. Die Ereignisse auf dem Weg werden von dem Anleiter oder der Anleiterin vorgegeben.

Zu einer weiteren Übung kann die Gesamtgruppe in zwei oder drei Untergruppen aufgeteilt werden. Jeweils eine Gruppe spielt, die anderen beobachten und geben denen, die gespielt haben, Rückmeldungen: Was hat bei dem Maskenspiel gefallen, was war der Maske angemessen und welche Bewegungen waren faszinierend?

Für das Gruppenspiel können wie bei dem Spaziergang allerlei Ereignisse vorgegeben werden:

- o Die Maskenwesen gehen über ein steiniges Gelände.
- o Sie hören plötzlich hinter sich ein Geräusch.
- o Sie versammeln sich und erzählen einander witzige Geschichten.

- o Sie können sich kaum halten vor Lachen.
- o Sie setzen sich zum Ausruhen hin.
- o Sie erschrecken und laufen weg

  und ähnliches mehr.

Zwei Beispiele

I. Jesus und Petrus

Voraussetzung

In einer Gemeinde habe ich über ein halbes Jahr anstelle des üblichen Konfirmandenunterrichts mit Masken an der gemeinsamen Geschichte von Jesus und Petrus gearbeitet, an ihrer

Beziehung, ihrer Freundschaft. Wir haben mit dem Maskenbau begonnen, um von vornherein die Masken mit in das Spiel einzubeziehen. Zu dem Zeitpunkt, als die Masken gebaut wurden, war den KonfirmandInnen daher noch nicht die ganze Geschichte von Jesus und Petrus bekannt, wir hatten lediglich über die Berufung des Petrus gesprochen. So konnten wir auch noch nicht genau sagen, wer zu welcher Person welche Maske bauen sollte. Es wurde lediglich festgelegt, wer die Maske für Jesus gestaltete. Bei den anderen war das Thema "Menschen, die um Jesus herum sind", also Jünger, Freunde, Bekannte, aber auch die Häscher oder die Kriegsknechte.

Maskenbau

Die entstandenen Masken hatten durchweg etwas Gnomenhaftes: krumme Nasen, große Augen, große Münder, sie waren farbig in den Grundfarben grün, lila, gelb, blau angemalt. Wir hatten vorgegeben, daß zusätzlich zu den Grundfarben nur mit zwei anderen Farben gemalt und auf Großflächigkeit geachtet wurde. An den Masken wurden farblich passende Seidentücher angeheftet, die den Hinterkopf bedeckten.

Szenenentwicklung

Im einzelnen wurden die Szenen, Bilder und Bewegungen zu der Erzählung von der Berufung des Petrus, vom sinkenden Petrus, von der Verleugnung und schließlich von der Begegnung am See Tiberias (Joh. 21) gestaltet. Ablauf und Inhalt der Szenen waren vorher nicht konzipiert, sondern wurden gemeinsam mit der Gruppe entwickelt, wobei wir von den gestalterischen und spielerischen Möglichkeiten der Jugendlichen ausgingen. Da Masken nicht unbedingt zu wilder Bewegung einladen, blieb es bei diesem Spiel im wesentlichen bei einer holzschnittartigen Illustration zu den erzählten Geschichten. Die Darstellung wechselte zwischen erstarrten Bildern und szenischem Spiel. Nach der Szene zum sinkenden Petrus wurden zwei Rollenspiele ohne Sprache eingefügt. In den Rollenspielen wurden Situationen aus der Lebenswelt der Jugendlichen gezeigt, die ihnen im Zusammenhang mit der biblischen Geschichte eingefallen waren. Einfache Musikinstrumente begleiteten das gesamte Spiel.

Erfahrung

Die Gruppe hatte aus den Masken eine als die des Petrus ausgewählt, die anderen stellten die Jünger dar, gleichzeitig aber in anderen Szenen die Häscher und die Knechte und Mägde auf dem Hof bei den Hohepriestern. Die gleichen SpielerInnen wechselten mit ihren Masken die Rollen. Bei dem Spiel im Gottesdienst führte der Rollentausch bei den Zuschauern nicht zu Irritationen, sondern wurde als selbstverständlich genommen. Darüber hinaus fiel auf, daß die z.T. im ästhetischen Sinn nicht besonders schönen Masken nicht als blasphemisch, als Beleidigung der Jünger oder als absurd empfunden wurden. Sie wurden ohne Schwierigkeit mit den Jüngern, mit Jesus und mit Petrus identifiziert, obwohl keinerlei reale Ähnlichkeit mit lebendigen Menschen bestand.

Ein älterer Kirchenvorsteher sagte im Anschluß an das Spiel: "Es ist merkwürdig, die Geschichte von Petrus ist so bekannt, und ich habe sie schon so häufig gehört. Trotzdem bin ich durch dieses Spiel ganz neu und tief berührt worden." Die ganze gottesdienstliche Gemeinde einschließlich der KonfirmandInnen verhielten sich während der gesamten Aufführungszeit still und aufmerksam.

Dabei spielte gewiß eine Rolle, daß die KonfirmandInnen in großer Konzentration gespielt hatten. Aber Masken scheinen, auch wenn sie nicht besonders schön gestaltet sind, ganz tiefe Schichten beim Menschen zu berühren, zu faszinieren, Urbilder zu wecken. Das war bereits zu beobachten, als die KonfirmandInnen ihre eigenen Masken gestaltet haben. Es war ein sehr ernster und intensiver Prozeß.

Für die KonfirmandInnen hat diese Zeit der Vorbereitung des Spiels bis zu dem Gottesdienst nicht nur eine intensive Beschäftigung mit der Geschichte von Jesus und Petrus ermöglicht. Sie sind auch als Gruppe, die zunächst in zwei Untergruppen auseinanderfiel, zusammengewachsen. Im Laufe der Vorbereitungszeit haben sich immer mehr Jugendliche aktiv an der Gestaltung des Spiels mit Regievorschlägen beteiligt. Da ihre Vorschläge an dem Spiel orientiert waren und weiterführten, wurden sie umgesetzt. Die KonfirmandInnen fühlten sich ernstgenommen, das Spiel wurde zu ihrem Spiel. Die Erfahrung, bei der öffentlichen Aufführung im Gottesdienst in dieser Weise akzeptiert zu werden, das Erlebnis, die Zuschauer durch ihr Spiel zu faszinieren, hat ihr Selbstwertgefühl in beachtlicher Weise gesteigert (6).

II. Der barmherzige Samariter

Auf einer Wochenendfreizeit haben wir mit etwa 30 KonfirmandInnen zum Gleichnis vom barmherzigen Samariter gearbeitet. Es wurde ein Puppenspiel mit Holzlöffelpuppen entwickelt und vorgeführt. In den gleichen Gruppen wurde ein Standbild zu einer von der Gruppe gewählten Person aus dem Gleichnis gestellt. Im Anschluß daran gestaltete jede Konfirmandin und jeder Konfirmand eine große Papiertüte, die man über den Kopf stülpen konnte, zu einer Person aus dem Gleichnis als Maske. In der Gesamtgruppe riefen wir dann die einzelnen Personen aus dem Gleichnis auf, sahen uns die verschiedenen Masken zu dieser Person an und verglichen sie miteinander. Anschließend gingen die KonfirmandInnen mit ihren Masken in ihre Gruppen zurück. So waren nun nicht mehr alle Personen aus dem Gleichnis vertreten, andere aber zwei- oder dreimal. Die Gruppe bekam die Aufgabe, mit den Personen, die durch die Masken in der Gruppe präsent waren, ein neues Spiel auf dem Hintergrund des Gleichnisses zu entwickeln.

Eine Gruppe verlegte ihr Spiel in die Gegenwart. Da gab es eine Gruppe von Trinkern, die zusammenstanden, dabei in Streit gerieten und einen Menschen niederschlugen. Wer sollte nun helfen? Alle waren nicht dazu bereit, hatten aber schließlich die Idee, zu dem Priester, zu dem Pastor zu gehen und ihn zu holen, denn er sei ja dazu da, um zu helfen. Anders als in dem Gleichnis kam er tatsächlich und half dem, "der unter die Räuber gefallen war."

Überlegung
Durch die neue Personenzusammensetzung in der Gruppe mußte neu über die Spielszenen nachgedacht werden. Es konnte nicht zu einem einfachen Nachspiel, zu einer Illustration des Gleichnisses kommen, die Vorgabe zwang zur Verfremdung der Geschichte. Dabei halfen die Masken und ihre Erstellung. Die Darstellung war freier als sonst bei einem Rollenspiel üblich, da die Person hinter der Maske verborgen war. Dabei war die Maske mehr als

ein Medium, sich mit einer Person aus dem Gleichnis und mit dem ganzen Gleichnis neu und spontan zu befassen.

Außerdem stellte die Maske einen Schutz für die KonfirmandInnen dar. Das wurde deutlich, als ein Jugendlicher einen Räuber spielte, der von den Reisenden zu Boden geschlagen wurde, bevor ein anderer Räuber den Reisenden niederschlug. Der zu Boden Geschlagene wurde beiseite gelegt wie "auf den Müll", während sich alle anderen um den, "der unter die Räuber gefallen war", kümmerten. Als er aber gefragt wurde, wie es ihm dabei ergangen sei, antwortete er: "Das weiß ich nicht, das habe ich gar nicht gemerkt, ich war ja unter der Maske."

Das Spiel mit Tüchern

Tücher regen die Phantasie an. Sie reizen zum Verkleiden, zum Gestalten von Kulissen, von Landschaften, sie beleben das freie Spiel. Sie können als Requisiten genutzt werden. Beziehungen lassen sich mit Tüchern bildhaft gestalten.

Drei Möglichkeiten, mit Tüchern ins Spiel zu kommen

Die Tücher ausprobieren

In einem nicht zu kleinen, möglichst leeren Raum, lege ich vor dem Unterrichtsbeginn einen größeren Haufen von Tüchern in die Mitte. Die KonfirmandInnen gehen ziemlich schnell auf die Tücher zu, wählen aus, beginnen sich zu verkleiden.

Nach einer Weile werden die KonfirmandInnen gebeten, durch den Raum zu gehen, so, wie es ihrer Verkleidung entspricht. Während sie weitergehen, werden sie aufgefordert, sich in andere Personen zu verwandeln und als diese weiterzugehen. Bei der Wahl der Personen kann von der jeweiligen biblischen Geschichte bzw. von ihrem Umfeld ausgegangen werden. So können sich die KonfirmandInnen z.B. bei dem Gleichnis vom Barmherzigen Samariter in einen Räuber/eine Räuberin verkleiden, in einen Priester/eine Priesterin, in einen reichen Kaufmann/eine Kauffrau, einen Wirt/eine Wirtin, vielleicht in eine Krankenschwester/einen Pfleger, in einen Soldaten u.ä.

Das Ausprobieren verschiedener Verkleidungen kann in spielerischer Weise weitergeführt werden: Jede KonfirmandInn denkt sich eine Verkleidung mit einem Tuch und eine dazugehörige Bewegung zu einer Person aus der jeweiligen biblischen Geschichte aus (dies kann auch zu zweit geschehen). In einer kleinen Revue werden dann die verschiedenen Personen in ihrer Verkleidung und mit ihrer Bewegung vorgeführt. Die KonfirmandInnen treten nacheinander wie bei einer Modenschau auf.

Im Anschluß an die Verwandlungsszenen können die KonfirmandInnen in kleinen Gruppen mit den Tüchern und ihren Körpern eine Wüste gestalten, ein Wirtshaus, einen Tempel, oder bei der Geschichte der Sturmstillung den Wind oder die Wellen darstellen. Sie können mit ihren Tüchern kleine Gegenstände formen und sie so durch den Raum tragen, wie es diesen Gegenständen entspricht.

Erfahrung

Sehr schön haben KonfirmandInnen zu der Weihnachtsgeschichte eine kleine Szene zu dem Satz: "Sie breiteten das Wort aus" gestaltet. Vier Konfirmanden hielten jeder ein Tuch, das ganz klein zusammengefaltet war. Ganz langsam haben sie es entfaltet und sind dann mit den ausgebreiteten Tüchern durch den Raum gelaufen, so daß sie hinter ihnen herflatterten und -wehten.

Pantomimenstaffel

Ein sehr spielerischer Einstieg für das Gestalten und Darstellen mit Tüchern ist durch eine leichte Veränderung der bekannten Pantomimenstaffel möglich.

Die Spielregel: Es werden zwei bis drei Gruppen gebildet, je nach Größe der Gesamtgruppe. Jede Gruppe schickt einen Teilnehmer/eine Teilnehmerin zum Spielleiter, der ihnen einen Begriff sagt, den sie vor ihrer jeweiligen Gruppe pantomimisch darstellen. Sobald jemand aus der Gruppe das Wort, den Begriff erraten hat, läuft er zum Spielleiter und holt sich ein anderes Wort. Das Ganze ist ein Wettspiel, und es geht darum, welche Staffel als erste alle Begriffe, die genannt wurden, geraten hat.

Das Spiel kann ganz normal begonnen werden, und die KonfirmandInnen machen bei solch einem Spiel voller Begeisterung mit. Bei dem vierten oder fünften Wort kann die Anleitung hinzugefügt werden, daß nun Tücher dazugenommen und bei der Darstellung des jeweiligen Wortes unterstützend benutzt werden können. Dieser Einstieg liegt nahe, wenn es um die Darstellung von Gefühlen oder auch Tätigkeiten geht.

Gegenstände durch Tücher ersetzen

Eine weitere Möglichkeit hat sich ergeben, als wir mit einer kleineren Gruppe von KonfirmandInnen Szenen zu Hesekiel 18,16 (sein Brot mit den Hungrigen teilen) entwickelt hatten. Sehr spontan entstanden in der Gruppe von sechs KonfirmandInnen Szenen zu den Themen: "Alle teilen mit einem" - "Einer teilt mit allen anderen" - "Zwei teilen mit einem, die anderen sehen zu" - "Alle teilen mit allen".

Bei der letzten Szene nahmen die KonfirmandInnen aus eigenem Antrieb Geldstücke aus ihren Portemonnaies, um sie miteinander zu teilen. In dieser Situation erhielten sie Tücher mit der Aufforderung, sie statt des Geldes zu benutzen. Sofort entwickelte sich ein sehr lebendiges und buntes, eindrucksvolles Spiel mit den Tüchern.

Beim Theaterspiel

Bei der Ausarbeitung von Szenen können die Tücher in vielfältiger Weise verwendet werden. Neben den unterschiedlichen Möglichkeiten, die Tücher als Verkleidung zu nutzen,

- können sich die KonfirmandInnen mit den Tüchern selber als Kulisse für eine Szene aufstellen, mit den Tüchern und ihren Körpern diese Kulisse gestalten. Das ermöglicht, bei einer Aufführung sehr viele KonfirmandInnen zu beteiligen.
- Wind und Wellen können mit bewegten Tüchern dargestellt werden.
- Emotionen - wie z. B. Aufregung - können durch das Schlagen mit Tüchern und ein wildes Hin-und-her-Bewegen nicht nur sichtbar, sondern auch hörbar gemacht werden.
- Personen und Gegenstände können mit Tüchern verdeckt und wieder freigelegt werden.
- Auch Gefühle wie Freude und Leichtigkeit können mit Tüchern in Bewegung umgesetzt werden.

Improvisation

Sehr spontan können mit den Konfirmanden szenische Spiele mit Tüchern entwickelt werden.

Z. B. zur "Stillung des Sturms":
Die Gruppe wird in drei Untergruppen aufgeteilt. Eine Gruppe gestaltet mit den Tüchern die Kulisse: das Boot. Die zweite stellt mit ihnen die Elemente dar: Wind und Wellen. Und die dritte bringt die Emotionen ins Spiel: Aufregung und Angst. Die drei Gruppen kommen miteinander in ein gemeinsames Spiel.
Bei der Verkündigung der Hirten in der Weihnachtsgeschichte könnte es um das Zusammenspiel von dem Feld, dem Licht und dem Erschrecken gehen.

Spiel mit selbstgestalteten Figuren

Zum Spiel mit selbstgestalteten Figuren in der Konfirmand-Innenarbeit gehört sowohl - als sehr ausführlicher Part - das *Gestalten der Figuren* als auch das *Spiel mit diesen Figuren* zu einer biblischen Geschichte.

Die Figuren können aus Knetgummi, aus Ton oder aus Materialien wie Pfeifendraht, Pappe, Kreppapier usw. gestaltet werden. In der Regel geschieht diese Gestaltung in Einzelarbeit.

Überlegung
Die verschiedenenen *Materialien* haben eine unterschiedliche Qualität und werden insofern auch unterschiedlich eingesetzt.

- Ton ist für Konfirmanden und Konfirmandinnen ein Material, das sie sicher nicht an den Kindergarten erinnert. Es eignet sich nicht nur zum Gestalten von menschlichen Figuren oder Tieren, sondern auch für die Arbeit an Themen und abstrakten Begriffen (beispielsweise "Glaube") oder an Gefühle (beispielsweise "sich freuen").
- Knetgummi bietet die Möglichkeit, die Figuren sehr differenziert und bunt zu gestalten.
- Materialien wie Draht, Pappe usw. regen die gestalterische Phantasie und großen Basteleifer an. Die gestalterische Arbeit kann hierbei in besonderem Maße im Vordergrund stehen, bevor man sich der biblischen Geschichte zuwendet.

Die Vorbereitung der Arbeit wird für die verschiedenen Materialien unterschiedlich aussehen.

Arbeit mit Ton

Das Material

Töpferton kann man in abgepackten 10 kg-Paketen bei Töpfereien kaufen. Es empfiehlt sich, besonders im Winter, den Ton zwölf Stunden vor seiner Verwendung in dem Raum zu lagern, in dem mit ihm gearbeitet wird, damit er die Zimmertemperatur annimmt. Unterlagen aus Pappe oder Holz müssen bereitliegen, auf denen die KonfirmandInnen mit dem Ton arbeiten können.

Vorbereitung

Die Arbeit kann damit beginnen, daß die KonfirmandInnen angehalten werden, ihre für die Tonarbeit ganz wichtigen eigenen Hände wahrzunehmen, die Linien, die Formen, die Gestalt ihrer Hände, dann die Hände aneinanderzulegen und an den Linien in der Handfläche entlangzustreichen.

Bevor der Ton gestaltet wird, muß er geknetet und geschlagen werden, damit die Hände sich an ihn gewöhnen und der Ton eine größere Geschmeidigkeit gewinnt, so daß er gut bearbeitet werden kann.

Themeneingabe

Nach etwa fünf Minuten wird dann das Thema benannt, zu dem der Ton gestaltet werden soll. Dazu kann z.B. die biblische Geschichte vorgelesen und die KonfirmandInnen gebeten werden, zu einer bestimmten Figur aus dieser Geschichte den Ton zu gestalten. Oder es wird aus der Geschichte heraus ein Thema benannt, z.B. bei der Geschichte vom sinkenden Petrus: "Was ist für Petrus bei diesem Erlebnis das wichtigste gewesen? Gestaltet dazu den Ton." Oder bei der gleichen Geschichte: "Das Staunen der Jünger." Sofern es nicht um die Gestaltung von Personen oder Gegenständen geht, weise ich die Konfirmanden ausdrücklich darauf hin, daß abstrakte Figuren entstehen können.

Während der Zeit, in der die Geschichte vorgelesen und das Thema benannt wird, werden die KonfirmandInnen angehalten, den Ton weiter mit ihren Händen zu kneten.

Gestaltungsphase

Die KonfirmandInnen können während des Knetens und Schlagens des Tons gebeten werden, ihre Augen zu schließen und den Ton mit geschlossenen Augen zu kneten. Die Augen bleiben dann während des Vorlesens der Geschichte und der Themenangabe sowie während der ersten Phase der Gestaltung geschlossen. Dadurch geht die Aufmerksamkeit der KonfirmandInnen in die

Hände und in die Bearbeitung des Tons. Sie bleiben bei sich selber und werden nicht durch die anderen abgelenkt. Das hilft ihnen, zu einer eigenen Gestaltung zu kommen und dem zu folgen, was ihre Hände machen. Sie können auch sehr direkt dazu aufgefordert werden, dem zu folgen, was ihre Hände gestalten und gleichzeitig der Geschichte und dem Thema nachzudenken, so daß das Nachdenken und das Gestalten ineinanderfließt. Nach einer Weile, wenn die Grundgestaltung fertig und erkennbar ist, kann den KonfirmandInnen erlaubt werden, die Augen wieder zu öffnen und die letzte Gestaltung mit geöffneten Augen vorzunehmen.

Weiterarbeit

In Dreiergruppen finden die Konfirmanden und Konfirmandinnen im Anschluß an diese Phase jeweils ein Wort, einen Begriff zu den Figuren. Im Plenum werden sie mit dem Wort vorgestellt. Sie können auch gebeten werden, einen Brief an die Figur zu schreiben, sofern sie eine Person darstellt, z.B. an den ungläubigen Thomas. Oder es kann ein kurzer Text zu der Gestaltung geschrieben werden. Als eine Form, die zur Verdichtung führt, hat sich das Haiku (eine japanische Gedichtform) bewährt. Es hat lediglich drei Zeilen, die aus fünf, sieben und wieder fünf Silben bestehen. Zu der Gestaltung eines Textes als Haiku sind die KonfirmandInnen durchaus in der Lage.

Mit Knetgummi gestalten

Beim Gestalten von Knetgummifiguren kommen andere Begabungen zur Geltung als beim üblichen Unterricht. Andere KonfirmandInnen als sonst bekommen Zuwendung und Anerkennung durch die Gruppe.

Bislang habe ich noch nie erlebt, daß die KonfirmandInnen diese Arbeit als Kinderkram ablehnen, zumal dann nicht, wenn ich die Aufgabe sehr selbstverständlich einführe und selber eine Figur gestalte. Viel häufiger kommt der Einwand: "Das kann ich nicht!"

In diesem Fall erlaube ich ihnen, von anderen abzugucken, wie sie an die Arbeit mit Knetgummi herangehen. Es ist auch nicht von Schaden, wenn die KonfirmandInnen sehen, daß ihr Leiter nicht viel geschickter ist als sie selber.

I. Gestaltungsphase

Knetgummi würde ich im wesentlichen zum Gestalten von Personen, Tieren oder Pflanzen im Zusammenhang mit einer biblischen Geschichte verwenden. Bei dieser Arbeit geschieht eine Identifikation mit Personen bzw. den jeweilig hergestellten Gegenständen. Bei den Personen kann es sich sowohl um namentlich in den Geschichten benannte als auch um von den KonfirmandInnen in einer Volksmenge "entdeckte" Frauen, Männer und Kinder handeln.

Arbeitsanleitung

Zunächst lese ich die biblische Geschichte mindestens einmal vor, bzw. lasse sie von den KonfirmandInnen lesen. Ich kann dann mit einer Phantasiereise, einer angeleiteten Imagination, fortfahren, in der ich die Konfirmanden und Konfirmandinnen an den Ort der Geschichte führe und sie dort den Personen begegnen lasse. Es ist aber ebenso möglich, daß ich unmittelbar nach dem Lesen der Geschichte die KonfirmandInnen auffordere, sich für eine Person zu entscheiden, bzw. sich eine Person aus der Volksmenge vorzustellen und diese in Knetgummi zu gestalten. Ich gebe dabei die etwaige Größe der Figuren vor. Dabei dauert es zwar länger, regt aber die Gestaltungsfreude an, wenn die Personen nicht zu klein - also etwa 10 cm hoch - gestaltet werden.

> *Hinweis*
> Es gibt unterschiedliche Sorten von Knetgummi. Bevor darum die KonfirmandInnen mit dem Knetgummi arbeiten, probieren die LeiterInnen besser selber aus, welche Konsistenz die Masse hat. Möglicherweise muß das Knetgummi von den KonfirmandInnen vor dem Gestalten

der Figuren weich geknetet werden. Dies sollte dann extra angesagt werden, möglicherweise bevor die biblische Geschichte gelesen wird, damit nach dem Lesen der biblischen Geschichte und der Phantasiereise gleich mit dem Gestalten der Figuren begonnen werden kann.

Weiterarbeit

Im Anschluß an die Gestaltungsphase lasse ich die Konfirmanden zu ihrer Figur Stellung beziehen. Das ist gut möglich in Form eines Steckbriefes, den sie zu der gestalteten Person ausfüllen. Da geht es etwa um Namen, Alter, Beruf, Familie, Hobby und um ihre Beziehung zu Jesus bzw. zu anderen Personen in der biblischen Geschichte. Der Steckbrief wird vorbereitet und von den Konfirmanden und Konfirmandinnen nur noch ausgefüllt.

Überlegung

Bei diesem Prozeß kommt es oft zu sehr persönlichen Äußerungen, ohne daß die KonfirmandInnen es selber merken. Diese habe ich als Leiter sehr wohl wahrzunehmen, aber ich muß mit ihnen äußerst behutsam umgehen. Die KonfirmandInnen sind in einer Lebensphase, in der sie nicht direkt auf ihr Befinden, auf ihre Gefühle angesprochen werden sollten, da sie selber noch zu wenig Distanz zu ihnen haben und mit Recht sehr verletzbar sind.

Hinweis

Wenn es meine Absicht ist, an dieser Stelle ein ausführliches Gespräch mit den KonfirmandInnen zu führen, versuche ich, meine Frage an sie so zu formulieren, daß sie über eigene Erlebnisse und Erfahrungen berichten können: „Ist dir so ein Mensch schon einmal begegnet? Hast du Ähnliches erlebt? Kennst du Menschen, denen es so ergangen ist?“

Steckbrief
Name: --
Beruf: --
Alter: -----------------
Familie: --

Hobbies: --

Warum ist er/sie zum Jordan gekommen?

II. Das Spiel mit den Figuren

Vorbereiten

Zunächst lasse ich von den Konfirmanden auf einem großen Tisch den Raum gestalten, der in der biblischen Geschichte vorgegeben ist. Das kann eine Landschaft, ein Haus, ein Ort oder ähnliches sein. Als Material liegen Pappe, Kreppapier, Wolle, Watte, Klebstoff und Malstifte bereit. Es können auch von draußen Zweige, Steine, Blumen usw. geholt und verwendet werden. Die Gruppe arbeitet gemeinsam an dieser Gestaltung. Es ist eine Arbeit, die den Konfirmanden offensichtlich viel Spaß macht. In der Regel sind sie mit ganz viel Phantasie und Eifer dabei. Außerdem findet in dem Gestalten des Raumes noch einmal auf anderer Ebene die Auseinandersetzung mit der biblischen Geschichte statt. Denn auch der Raum des Geschehens ist nicht zufällig, sondern hat mit dem Inhalt zu tun.

Das Spiel

Ich benenne die Ausgangssituation der biblischen Geschichte und bitte die Konfirmanden, nacheinander ihre Figuren zu dieser Situation in den von ihnen gestalteten Raum zu stellen. Wir sehen uns das Szenarium an und sprechen darüber, welche Beziehungen entstanden sind. Das Bild kann dann von Konfirmanden verändert werden. Frage: Wer von euch möchte die Szene umstellen? Wieder begleitet ein Gespräch das Geschehen. In dieser Weise kann an der ganzen biblischen Geschichte entlanggegangen und das Geschehen spielerisch erarbeitet werden.

Puppenspiel

Der Herstellungsprozeß

Der Herstellungsprozeß bei den Puppen ist relativ einfach, aber nicht minder wichtig. Erfahrungsgemäß nehmen sich die KonfirmandInnen für die Herstellung sehr viel Zeit. Dieser kreative Prozeß sollte auch nicht beschleunigt werden, denn wenn zu biblischen Geschichten Puppen gebaut werden, setzen sich die KonfirmandInnen ja während des Herstellungsprozesses schon sehr intensiv mit der Person aus der biblischen Geschichte auseinander. Zu einer solchen Gestaltung kann dann hinterher wie beim Figurenbauen auch ein Steckbrief geschrieben werden, oder die Puppen können einander im Gespräch begegnen.

Herstellungsmethoden

Es gibt relativ einfache Herstellungsmethoden wie z.B. Holzlöffelpuppen. Dabei wird bei *Holzkochlöffeln* die Löffelfläche - etwa mit Filzstiften - als Gesicht bemalt. Aus Wolle oder Watte werden Haare bzw. ein Bart angeklebt, mit Stoffresten oder Kreppapier kann die Puppe "gekleidet" werden. Die Vorder- und Rückfläche der Kochlöffel können bemalt werden, z.B. eine Seite mit einem fröhlichen, die andere mit einem traurigen Gesicht.
Eine andere Möglichkeit ist das *Handrückenschminken.* Mit kleinen Schminkstiften, die es zur Faschingszeit zu kaufen gibt, malen die KonfirmandInnen sich selber oder gegenseitig auf den Handrücken ein Gesicht zu der jeweiligen Figur aus der biblischen Geschichte. Die Finger können mit Kreppapier, Wolle oder Watte als Haare oder Hut verkleidet werden, um das Handgelenk kann ein Schal aus Kreppapier oder Stoffresten gewickelt werden.
Natürlich kann man Puppen auch aus *Draht*, aus *Pappe* oder aus *Styroporköpfen*, die man in Kaufhäusern bekommen kann, gestalten. Die Styroporköpfe werden mit Papier umklebt. Mit Papier, das in Kleister aufgeweicht wird, können Nasen vergrößert, das Kinn hervorgehoben werden usw. Diese Puppen könnten auch

mit Buntpapier beklebt werden. Die Köpfe werden an einem Stock befestigt.

Das Spiel

Welche Figur aus der biblischen Geschichte von welchem Konfirmand und von welcher Konfirmandin gestaltet wird, kann z.B. dadurch entschieden werden, daß vor dem Bemalen und Gestalten der Puppen bereits Gruppen gebildet werden, die nachher miteinander ein Puppenspiel vorführen. Dann kann in der Gruppe entschieden werden, wer zu welcher Person eine Puppe baut (7).
Das Spiel mit den Puppen kann, wenn es keine richtige Puppenbühne gibt, hinter einem großen Tuch stattfinden, das von zwei KonfirmandInnen hochgehalten wird. Das Auftreten und Abtreten sowie ihre Bewegungsmöglichkeiten können mit den KonfirmandInnen geübt werden. Die Spielaufgabe wird in der Regel im Zusammenhang mit der biblischen Geschichte gestellt, natürlich ist auch ein Spiel zu der Lebenswelt und der Situation der KonfirmandInnen möglich.
Bei dem Spiel zu biblischen Geschichten ist zu bedenken, daß das Nachspielen und das Illustrieren dieser Geschichten in der Regel ziemlich belanglos bleibt. Zur spielerischen Auseinandersetzung mit dem Text kann eine zusätzliche Aufgabe gestellt werden wie beispielsweise für das Gleichnis der bittenden Witwe: "Erfindet zwei Personen dazu und spielt dann mit diesen vier Personen das Gleichnis." Eine derartige Verfremdung regt die Phantasie der KonfirmandInnen an und bringt sie zu einer intensiveren Auseinandersetzung mit der biblischen Geschichte. Sie müssen sich fragen, welche Figur sie sinnvoll dazunehmen können, welche Rolle diese spielt und damit auch, wie sie diese Geschichte insgesamt verstehen.

BIBLISCHE GESCHICHTEN MIT DER ERLEBNISWELT DER KONFIRMANDINNEN UND KONFIRMANDEN IN BEZIEHUNG SETZEN

Einführung

Die Frage dieses Kapitels lautet: Wie können die biblischen Geschichten und die Erlebniswelt der Jugendlichen in ein Gespräch miteinander kommen? Das wird in der Regel nicht über die historische Betrachtung des Textes möglich sein, wenngleich die Informationen über historische Zusammenhänge unerläßlich ist. Sollen die Texte geistlich lebendig werden, Bedeutung für das Leben der Jugendlichen gewinnen, wird eine Art Synchronisation der biblischen Geschichten mit der Erlebniswelt der Jugendlichen stattfinden, die "Gleichzeitigkeit" von beidem. In dem Augenblick, wo die Geschichte gehört oder gelesen wird, ist sie ja zugleich Vergangenheit und doch gegenwärtig.

> ***"Eine Theologie, die "richtig" ist, die aber dem Menschen nicht hilft, kann eigentlich nicht "richtig" sein. Und umgekehrt: Was dem Menschen letztlich und wirklich hilft, das muß im letzten Grunde auch theologisch das richtige sein."***
>
> ***Hans-Jürgen Fraas***

Die Fragen, die in den Geschichten gestellt, Konflikte und Situationen, die geschildert werden, sind den KonfirmandInnen nicht unbekannt. Sie entsprechen in vielen Fällen ihrem eigenen Erleben. Ungewöhnlich sind allerdings in der Regel die Lösungen, die der Text anbietet, die Antworten, die er gibt, und die

Fragen, die er stellt. Damit ist eine Spannung vorgegeben, die eine lebensvolle Arbeit mit den biblischen Geschichten ermöglicht. Entscheidend ist dabei jedoch, daß die Antworten des Textes den Jugendlichen nicht übergestülpt werden, sondern sie sich aufgrund ihrer Lebenserfahrung mit ihnen auseinandersetzen und zu eigenen Ergebnissen kommen.

Das kann in unterschiedlicher Weise geschehen:

- über die Identifikation mit biblischen Gestalten,
- durch die Gegenüberstellung biblischer Geschichten und der Lebenssituation der Jugendlichen,
- durch das Ernstnehmen der Gruppensituation bei der Beschäftigung mit dem biblischen Text,
- durch die Annäherung an einen Text durch gestalterisches Arbeiten,
- es kann auch von einem Thema der Jugendlichen ausgehend nach biblischen Texten Ausschau gehalten werden. (1)

Kritisch kann gefragt werden, ob die Auslegung der biblischen Geschichten bei dieser Arbeitsweise nicht beliebig wird.

Dagegen spricht:

- Aussagen der Einzelnen werden durch die der anderen Gruppenmitglieder ergänzt,
  - eine subjektive Beliebigkeit wird bereits durch die Gruppe korrigiert.
- Es gehört zu den Aufgaben des Leiters / der Leiterin, die Gruppe immer wieder auf den biblischen Text zurückzuführen und sie mit ihm zu konfrontieren,
  - eine Beliebigkeit durch die Gruppe wird durch den Text korrigiert.
- Der biblische Text wird nicht verändert, verkürzt oder von vornherein funktionalisiert, ihm wird sehr viel zugetraut,
  - er bildet die Basis der Auseinandersetzung und Begegnung.

Ein anderer Einwand heißt: Biblische Geschichten werden auf ethische Aussagen begrenzt. Das Handeln Jesu bekommt lediglich Vorbildfunktion für das Zusammenleben der Menschen. Der christliche Glaube wird letztendlich vergesetzlicht.

Gesetzlichkeit hat immer etwas Starres, Erstarrtes.
Wir nähern uns den biblischen Geschichten über das *Spiel.* Das Spiel unterscheidet sich vom Reden dadurch, daß es niemals ideologisch-dogmatisch sein kann, sofern es denn authentisch ist. Hier geht es nicht um Gesetzlichkeit, sondern um Leben in seiner Verletzlichkeit und in seiner Freude und um Vertrauen und Offenwerden. Das ist ganz nahe bei den Geschichten, die uns in den Evangelien erzählt werden und in denen uns die Zuwendung Gottes zu den Menschen verkündigt wird.

Wenn wir uns das Handeln Jesu ansehen, hat es ja tatsächlich Vorbildfunktion. Wo so gehandelt wird, wie er es tat, geschieht das, was Gott will. Wo so gehandelt wird, leuchtet etwas vom Reich Gottes auf. Jesus selber scheut sich ja nicht, in den Gleichnissen das Reich Gottes mit irdischen Dingen und menschlichen Verhaltensweisen zu vergleichen oder sehr deutlich Gott und den Menschen wohlgefällige Regeln und Beispiele für das Zusammenleben von Menschen zu benennen. Es geht auch heute noch darum, daß das Wort "Fleisch" wird, d.h. eine konkrete Gestalt in dieser Welt gewinnt. Wenn die KonfirmandInnen sich in der genannten Weise mit einem biblischen Text beschäftigen, wird von ihnen durchaus wahrgenommen, daß in dem Leben, Handeln und Reden Jesu durchscheint, wie Gott zu den Menschen steht, daß in seinem Handeln und Reden Zuwendung Gottes geschieht.

Es ist sicher schwierig, zu diesem letzten Thema Gestaltungsaufgaben zu stellen, denn es geht dabei um eine Glaubensaussage, um das Bekenntnis: Ich glaube, daß Du bist Christus, der Sohn des lebendigen Gottes. Der Leiter hat jedoch die Möglichkeit, den KonfirmandInnen nach einer entsprechenden Arbeitseinheit zu sagen: Für mich wird in der Geschichte, die wir heute besprochen und zu der wir gestaltet haben, deutlich, wie Gott zu uns Menschen steht.

Möglich ist es auch, sich einem solchen Thema mit Einzelarbeit anzunähern, z.B. dadurch, daß die KonfirmandInnen etwa im Zusammenhang mit der Weihnachtsgeschichte Ton mit ihren Händen gestalten. Dazu der Leiter/die Leiterin: "Wir haben uns mit der Weihnachtsgeschichte beschäftigt. Wir haben davon gehört, daß den Hirten durch die Engel die Geburt Jesu angekündigt worden ist und daß der Chor der Engel das Lob Gottes gesungen hat. Wir haben gehört, daß dieses Kind, das Weihnachten geboren wurde, der Heiland ist, d.h., daß durch ihn etwas heil werden soll in dieser Welt. Was habt ihr in dieser Geschichte von Gott, über Gott erfahren? Wie steht Gott zu den Menschen? Denkt über diese Frage nach, gestaltet dazu den Ton." (2)
Im Anschluß an die Tonarbeit werden die KonfirmandInnen gebeten, einen kurzen Text zu ihrer Figur zu schreiben.

Möglich ist eine Gestaltungsaufgabe, in der die KonfirmandInnen versuchsweise ihre Beziehung zu Gott thematisieren. So können sie z.B. gebeten werden, zu den einzelnen Bitten des Vaterunsers Statuen, Standbilder zu stellen und auch Gott selber dazu in Beziehung zu setzen. Es gibt darüber hinaus Geschichten in der Bibel, die in besonderer Weise ermöglichen, über die eigene Gottesbeziehung nachzudenken und sie auch darzustellen. Das gilt z.B. für den Bericht von der Taufe und für den von der Verklärung Jesu oder für die Gottesbegegnung Elias' am Horeb. Es passiert aber auch, daß im konkreten Spiel der KonfirmandInnen Transzendenzvorstellungen figürlich ausgedrückt werden. Als wir mit KonfirmandInnen zu Bitten des Vaterunsers gearbeitet hatten, haben die KonfirmandInnen von sich aus Standbilder entwickelt, in denen eine KonfirmandInn in deutlicher Distanz oder Nähe zu der dargestellten Situation die Rolle Gottes übernommen hatte. Das geschah mit großem Ernst und ermöglichte Gespräche, die über Vordergründiges hinausführten. Ähnliches ereignete sich auch in Zusammenhang mit Spielszenen zu den Seligpreisungen.

Vom biblischen Text zu den Themen der KonfirmandInnen

Die Weihnachtsgeschichte - ein Modellversuch

Überlegung
Eine Möglichkeit, diesen Ansatz in die Praxis umzusetzen: von einem biblischen Text ausgehen und gemeinsam mit den Jugendlichen ihre Themen in dem Text entdecken.

Für die konkrete Arbeit mit einer biblischen Geschichte ergibt sich dabei ein bestimmtes Schema. Das soll an dieser Stelle an der Weihnachtsgeschichte erläutert werden.

Erster Schritt:

Die kritische Situation, den Konflikt bzw. die Anfrage in der biblischen Geschichte finden und benennen.

In jeder biblischen Geschichte gibt es in der Regel mehrere Themen, mehrere Fragestellungen. In der Weihnachtsgeschichte geht es u.a. um das Problem, daß Maria und Josef keinen Raum finden, in dem Maria ihr Kind gebären kann oder darum, daß gerade den Hirten, als einer gesellschaftlich nicht geachteten Gruppe der Engel die Geburt Jesu ankündigt. Die Situationen müssen nicht unbedingt von dem Leiter, der Leiterin vorgegeben werden, sondern können auch mit der Gruppe gemeinsam erarbeitet werden.

Dazu gibt es verschiedene Möglichkeiten:

Nachdem die Geschichte erzählt oder gelesen, fremde Begriffe und zeitbedingte Zusammenhänge erklärt worden sind, überlegen die Konfirmanden jeweils für sich, bei welcher Situation oder bei welchem Wort sie besonders angerührt worden sind. Sie malen dazu ein Bild, gestalten eine Collage oder finden eine Geste, eine Bewegung zu dem Wort bzw. zu der Situation. So wird sichtbar, an welcher Stelle des Textes die Mehrzahl der Konfirmanden hängengeblieben ist.

> *Hinweis*
> KonfirmandInnen haben die verständliche Neigung, von den Ideenreichen abzumalen bzw. abzuschreiben. Wenn sie gebeten werden, bei der Erzählung oder im Anschluß daran die Augen zu schließen, ihre eigenen Bilder zu finden und diese dann zu gestalten, ergibt sich ein zutreffenderes, differenzierteres Bild. Die Situationen, die die einzelnen KonfirmandInnen angerührt haben, werden deutlicher sichtbar.

Zweiter Schritt:

Das Thema der Situation herausarbeiten und in die Lebenswelt der KonfirmandInnen übertragen.

In einem Gespräch über die Bilder bzw. Gesten der KonfirmandInnen zu der biblischen Geschichte wird ersichtlich, was sie an einer bestimmten Situation interessiert und berührt. Das hilft dem Leiter, ein klares und begrenztes Thema zu formulieren. Die KonfirmandInnen bekommen die Aufgabe, zunächst zu überlegen, wo und wie ihnen heute entsprechendes begegnet, wo sie selber ähnliches erlebt oder davon gehört haben. Sie können sich aus ihrer Erfahrung heraus auch eine kurze mögliche Begebenheit in unserer Zeit ausdenken.

In kleinen Gruppen werden sie gebeten, sich auf ein Ereignis zu einigen und dieses zur Darstellung zu bringen, ihm eine Gestalt zu geben. Das kann in einem Rollenspiel geschehen oder über Standbilder. Auch Collagen, eine Raumgestaltung oder das Spiel mit Figuren sind denkbar. Bei der Weihnachtsgeschichte können die Themen heißen:

Im Zusammenhang mit der Herbergssuche:

Wer sind bei uns Menschen, für die kein Raum da ist?
Für wen haben wir keinen Platz?

Und im Zusammenhang mit den Hirten:
Wer sind heute die Menschen, die überhaupt nicht geachtet werden?
Wo erlebt ihr, daß Menschen ausgegrenzt werden?

Dritter Schritt:

Darstellung in der Gesamtgruppe

Nacheinander stellen die kleinen Gruppen ihre Bilder vor bzw. spielen ihre Szenen. Jedes Bild, jede Szene wird einzeln besprochen. Zunächst sagen die Zuschauer, wie sie das Bild, die Szene verstanden haben. Bei Standbildern kann das zu einem Wettbewerb, zu einem Ratespiel werden (anders als bei Erwachsenen): Wer kommt mit seinen Assoziationen dem am nächsten, was die Darsteller ausdrücken wollen? (Ein solcher spielerischer Wettbewerb regt das Gespräch an.) Anschließend schildern die Darsteller die Situation, von der sie ausgegangen sind, und das folgende Gespräch wird durch die Frage bestimmt: Wo habt ihr so etwas oder ähnliches erlebt?

> *Erfahrung*
> Das Erzählen von eigenen Erlebnissen ist eine gute Möglichkeit für KonfirmandInnen, miteinander ins Gespräch zu kommen. Gelegentlich kommt es über dem Erzählen zu einer lebhaften Diskussion, bei der unterschiedliche Erfahrungen bzw. unterschiedliche Einschätzungen und Beurteilungen ähnlicher Situationen aufeinander stoßen.

Hieran kann die Frage anknüpfen (wenn sie in den Gesprächen nicht schon von allein aufgetaucht ist): Wie wird bei uns in solchen Situationen mit Menschen umgegangen?

Vierter Schritt:

Biblischer Kontext: Wie wird in der biblischen Geschichte mit der entsprechenden Situation umgegangen?

Die biblische Geschichte wird noch einmal gelesen bzw. unter der Fragestellung erzählt: Wie wird hier dem betroffenen Menschen begegnet, bzw. wie geht die Geschichte weiter? Wie löst sich das Problem?

Die Konfirmanden werden an dem Prozeß beteiligt, versuchen zu zweit oder zu dritt eine Antwort herauszufinden und sie zu benennen.

> *Erfahrung*
> Bei der Weihnachtsgeschichte war für die KonfirmandInnen das besondere, daß gerade die Hirten ausgewählt wurden und ihnen der Engel erschien und als ersten mitteilte, daß der Heiland geboren worden ist.

> ***"Jeder Jugendliche weiß, daß der endgültige Abschied von der Kindheit ein schmerzliches Absterben von Unwiederbringlichem bedeutet. Dieser Verlust wird ihm nur dann erträglich sein, wenn er sich mit der Hoffnung auf einen neuen Lebensabschnitt verbindet, der verheißungsvoll genug erscheint."***
>
> ***Tobias Brocher***

Fünfter Schritt:

Was ändert sich an den Bildern bzw. Szenen der KonfirmandInnen, wenn sie mit diesen Anworten des biblischen Textes konfrontiert werden?

Die Aufgabenstellung geht sehr konkret von den Darstellungen der KonfirmandInnen aus. Bei Standbildern werden sie gebeten, das alte Bild zu stellen und zu überlegen, was sich wohl ändern würde, wenn sie die Lösung, die Antwort, das Korrektiv im Umgang des biblischen Textes mit der Situation für ihr Bild umsetzen würden, und dazu ein zweites Standbild zu stellen.

Beim Rollenspiel gibt es die Möglichkeit, das gleiche Spiel zweimal, aber mit unterschiedlichem Ende zu spielen.

Sechster Schritt:

Darstellung im Plenum
Die Kleingruppen stellen ihre beiden Szenen bzw. Bilder dar. Wieder werden zunächst die ZuschauerInnen sagen, welche Veränderungen sie gesehen haben, wie sie diese Veränderungen beurteilen. Das Gespräch kann wieder dadurch Impulse bekommen, daß die KonfirmandInnen gefragt werden, ob sie einmal ähnliches bei sich oder anderen erlebt haben.

Überlegung
Bei diesem Arbeitsansatz geschieht nicht nur verbal, sondern auch gestalterisch ein Dialog zwischen der biblischen Geschichte und der Erlebniswelt der KonfirmandInnen. Sie werden mit ihrer Aufmerksamkeit zwischen beidem hin und her geführt. Dabei geht es offensichtlich darum, welche Bedeutung die biblischen Geschichten für das konkrete Leben in unserer Zeit und Welt haben können. Und es geht darum, daß die Jugendlichen entdekken können, daß die Bibel sehr viel mit ihrem eigenen alltäglichen Leben zu tun hat. Sie hilft ihnen, ihr Leben zu reflektieren.

Die Weihnachtsgeschichte - ein Modellversuch

In dem Modellversuch wurde mit einer Konfirmandengruppe über sechs Wochen in der Vorweihnachtszeit an der Weihnachtsgeschichte gearbeitet, dabei wurde in der Regel von dem oben beschriebenen Arbeitsansatz ausgegangen. Unsere Zielvorstellung war, Szenen für einen Weihnachtsgottesdienst zu entwickeln. Der Unterricht wurde von einer Leiterin und einem Leiter gemeinsam gestaltet. Wir schildern den Prozeß anhand von Protokollnotizen.

Einen eigenen Zugang zur Geschichte finden

Mit dem Lesen der Weihnachtsgeschichte wurde die gesamte Einheit begonnen. Die KonfirmandInnen haben dann jeweils ein Bild zu der Szene gemalt, die sie in der Weihnachtsgeschichte am meisten berührt hat, an der sie hängengeblieben sind. Die Bilder wurden dem biblischen Text entsprechend auf dem Boden ausgelegt. Ein kurzes Gespräch folgte. Nach vorbereitenden Übungen zum Statuenbauen wurden von den KonfirmandInnen erste kleine Szenen gestellt. Dabei wurden *Schwerpunkte* deutlich, auf die in der weiteren Arbeit aufgebaut wurde.

Gesamtzusammenhang der Geschichte

Nachdem wir uns die Bilder noch einmal angesehen haben, habe ich die Weihnachtsgeschichte erzählt und Erklärungen eingefügt: zu der damaligen politischen Situation und zur Volkszählung, auch zum Raummangel, zum Stall und zu der Krippe. Relativ ausführlich habe ich von den Hirten berichtet, von ihrem sozialen Status, von der Härte ihres Berufes.

> *Erfahrung*
> Etwas ins Schleudern kam ich, als ich von den Engeln berichtete. Ich sagte, daß die Hirten etwas sahen, was sie Engel nannten und daß ihnen gesagt wurde, daß Gott Mensch geworden wäre und daß sie als Zeichen dafür diesen Menschen nicht in einem Palast finden würden, sondern eben in der Krippe. Ich merkte beim Erzählen, daß ich bei meiner Vorbereitung zu wenig überlegt hatte, in welcher Weise ich den KonfirmandInnen die Erscheinung der Engel und ihre Verkündigung nahebringen wollte. Das wirkte sich in der Weiterarbeit spürbar aus. Ich vergaß bei meiner Erzählung auch, daß die Hirten die Botschaft hinterher weitergesagt hatten. Aber das wurde von einem Konfirmanden ergänzt.
> Beeindruckt hatte die Konfirmanden, daß Jesus aus kleinen Verhältnissen kam, ebenso, daß den Hirten, die eigentlich in der Gesellschaft

verachtet waren, diese Botschaft gesagt wurde und nicht jenen, die immer vorneweg sind. Offensichtlich bietet sich den Konfirmanden hier die Möglichkeit der Identifikation, weil sie sich auch als Menschen erleben, die relativ wenig beachtet werden.

Schwerpunkt der Konfirmandenbilder: Transfer

Im Anschluß daran sind wir zu der Gestaltung von Standbildern übergegangen. Das Thema haben wir zu einem der Schwerpunkte der KonfirmandInnen formuliert, zu der Situation der Hirten: Überlegt einmal, welche Gruppe bei uns heute etwa der der Hirten damals entsprechen würde und wie wir in der Regel diesen Menschen begegnen. Stellt dazu ein Standbild.

Erfahrung

Es bildeten sich drei Gruppen, eine Mädchengruppe, eine Jungengruppe und eine gemischte Gruppe, die sich offensichtlich aus den Außenseitern der Gesamtgruppe zusammensetzte.

Die Gruppe der Mädchen stellte folgendes Bild: Ein Mädchen kniete am Boden und drei standen ihr gegenüber, zwei zeigten auf sie und die dritte ballte die Faust. Ihre Erklärung: Es geht um eine Ausländerin, die wird ganz klein gemacht, deswegen hockt sie am Boden, die ausgestreckten Finger und die Faust machen ihre Isolierung deutlich und heißen soviel wie "Ausländer raus!".

Die Gruppe der Außenseiter hatte auch ein sehr schönes Bild gestellt: Zwei hielten die Hände so, als ob sie etwas erzählen wollten, bei den anderen dreien zeigte einer einen Vogel, zwei wandten sich ab. Sie deuteten ihre Geschichte so: "Das ist die Situation, in der die Hirten die Botschaft weitergesagt haben, und die Leute wenden sich ab und sagen: Ihr seid doch verrückt!" Die Gruppe hatte die Situation der Hirten selber dargestellt und nicht in die Gegenwart übertragen. In dem nachfolgenden Gespräch wurde dann aber deutlich, daß wir solche Situation auch kennen, wo wir etwas uns Wichtiges erzählen, und andere wenden sich ab und sagen: Ihr seid doch verrückt! Also eine Situation, in der Menschen nicht anerkannt, sondern abgelehnt werden.

Die Identifikation mit den eigenen Standbildern war noch schwierig. Die Mädchen haben furchtbar gekichert, obwohl ihr Bild wirklich gut war, aber es war ihnen peinlich. Auch die Gruppe der Außenseiter war verunsichert bei ihrer Darstellung. Die Gruppe der Jungen hatte kein Bild zustande gebracht.

Überlegung
Der Funke und die Begeisterung "Wir wollen gemeinsam etwas gestalten und ein Theaterstück zusammen entwickeln" ist noch nicht übergesprungen, obwohl die Arbeit an den Themen schon erstaunlich war.

Die KonfirmandInnen sind von der Erwartung ausgegangen, daß wir zu ihren gemalten Bildern spielen würden und daß sie die Rollen übernehmen müßten, die sie gemalt hatten. Nachdem uns das bewußt geworden war, konnten wir ihnen jetzt sagen, daß dieses nicht der Fall sein würde, sondern daß wir von den Bildern, die sie gestellt hatten, ausgehen würden und eine Geschichte, ein Theaterstück daraus zur Weihnachtsgeschichte entwickeln würden. Nun wurde ihnen klar, daß wir nicht ein übliches Krippenspiel als ein einfaches Nachspielen der Geschichte aufführen würden, sondern daß ihre Interpretation und ihre Erlebnisse zu den einzelnen Situationen der Geschichte zum Thema des Spielstückes werden sollten. Für die KonfirmandInnen bedeutete das eine sichtbare Erleichterung.

Weitere Schwerpunkte der Konfirmandenbilder

Wir haben eine zweite Aufgabe gestellt, die in der Nähe zu der ersten stand. Auf den Bildern war verschiedentlich die Szene dargestellt, wie Maria und Josef abgewiesen wurden und kein Raum für sie da war. So haben wir die Konfirmanden gefragt, ob sie sich auch an eine Situation erinnern konnten oder sich eine vorstellen könnten, in der heute Menschen abgewiesen, von anderen nicht angenommen werden und in der kein Raum für sie da ist.

Erfahrung
Alle drei Gruppen haben sehr intensiv gearbeitet. Die Jungen zeigten eine Szene, wo einer am Boden lag, ein zweiter drehte ihm den Kopf um, ein dritter hielt ihm die Hände fest, ein vierter stützte sich auf den dritten und holte mit dem Fuß aus, um den am Boden Liegenden zu treten, ein fünfter ging von der Gruppe fort. Die Deutung durch die Gruppe: Bei dem, der auf dem Boden liegt, handelt es sich um einen

Außenseiter. So etwas geschieht auch in der Schule: drei Schüler verprügeln einen und derjenige, der sein Freund ist, hat Angst und läßt seinen Freund im Stich, anstatt ihm zu helfen.
Die Gruppe der Nachgebliebenen hatte ein sehr starkes Bild: Zwei Mädchen standen mit dem Rücken zur Wand und hielten die Hände vor das Gesicht geschlagen, drei andere standen ihnen gegenüber und hatten die Arme erhoben, so als ob sie etwas auf die beiden werfen wollten. Es kam sofort bei den anderen Konfirmanden zu der Assoziation "Steinigung". Die Gruppe selber sagte: "Hier sind zwei Ausländer, die anderen gehen aggressiv auf sie zu und werfen auf sie." Der Steinigungsgedanke war also gar nicht so fern. Beeindruckend waren die beiden Gestalten, die die Hände vor das Gesicht geschlagen hatten und nicht fliehen konnten, weil hinter ihnen die Wand war und vor ihnen die Angreifer.
Die Mädchengruppe erklärte ihr Bild: "Zwei Bettler kommen an die Tür und hier wird nur ein Spalt aufgemacht, aber dann wird die Tür wieder geschlossen". Das Bild war vom Ausdruck her überzeugend, und die Mädchen brachten es fertig, ohne Kichern eine Zeitlang in der Statue zu verweilen.

Ortswechsel

In der folgenden Stunde haben wir uns bereits in der Kirche getroffen. Das war für die Atmosphäre sehr gut. Der Ernst der ganzen Aktion wurde deutlich und die KonfirmandInnen konnten sehen, wie ihre Bilder im Altarraum wirkten und daß sie viel eindrucksvoller waren, als sie bei der Arbeit im Gemeindesaal vermutet hatten.

Regiebeteiligung

Es wirkte sich positiv aus, daß die KonfirmandInnen bei den Regieüberlegungen bereits beteiligt waren. Ihre Vorschläge waren zum Teil recht gut und konnten in das Spiel einbezogen werden. Dadurch fühlten sie sich ernstgenommen und die Arbeit, die wir miteinander taten, wurde mehr und mehr zu ihrer eigenen.

Arbeit an den Szenen

Zunächst haben wir daran gearbeitet, wie die Standbilder, die wir bereits entwickelt hatten, im Altarraum so gestellt werden können, daß sie für die Gemeinde sichtbar sind. Auch Auftritt und Abgang der Spieler haben wir geprobt.

Die Lebenssituation der Konfirmanden mit dem biblischen Text konfrontieren

Ich habe noch einmal von den Engeln in der Geschichte erzählt. Etwa: Engelserscheinungen, wie sie in der Weihnachtsgeschichte berichtet werden, sind relativ selten. Nur wenigen Menschen sind Engel erschienen. Aber wir reden sehr wohl von Schutzengeln, die uns behüten, das habt ihr sicher auch schon einmal gehört: Da muß ich einen Schutzengel gehabt haben! Aber es gibt auch dieses, daß andere Menschen für uns die Rolle eines Engel übernehmen, als Menschen, die etwas Böses auflösen, die in einer schwierigen Situation zur Hilfe kommen, die eine schlechte Situation wieder gut machen.
Die KonfirmandInnen wurden gebeten, in den drei Gruppen zu überlegen, wie einer in jeder Gruppe einen Menschen spielen kann, der für die kritische Situation, die sie in ihrem Standbild dargestellt haben, die Rolle eines Engels übernimmt und zu sehen, was da geschieht, wie sich die Situation löst.

Erfahrung

Bei den Ergebnissen zeigte sich, daß wir mit unser Anleitung die KonfirmandInnen überfordert hatten. Zwei Gruppen, die Jungen und die gemischte Gruppe, blieben einfach bei einem klischeehaften Engelsbild stehen, das plötzlich hinter dem Altar auftauchte oder mit segnenden Händen dazwischentrat und wie durch Zauberkraft die Situationen löste. Das hatten die KonfirmandInnen ganz ernst gemeint.
Als einzige Gruppe hatten die Mädchen in der geplanten Weise weitergearbeitet. Sie hatten jetzt ihr Bild so gestellt, daß alle Mädchen in Richtung Publikum blickten. Es hatte ein Rollentausch stattgefunden. Ein Mädchen, das kleiner und zierlicher war, hatte die Rolle der am Boden Sitzenden übernommen. Diese stand als stärkere Person nun an ihrer Stelle, veränderte ihre Haltung, hob die am Boden Liegende hoch und stellte sie an ihre Seite. Dann nahm sie eine erhabene und selbstbewußte Haltung ein und breitete die Arme aus. Das erinnerte an einen *Engel* und entsprach sicher auch der Vorstellung der KonfirmandInnen. Aber das Handeln geschah aus einer Gruppe von *Menschen* heraus, die zunächst eine bedrohende Haltung gegenüber der am Boden

> Kauernden hatte. Die beiden anderen Mädchen, die der am Boden Hockenden gegenüber standen, gingen in eine erschrockene Haltung und hielten sich die Hände vor die Augen, was auch an die Hirten erinnerte, wie sie erschraken, als ihnen der Engel erschien.

Weiterarbeit an den Szenen

Das Bild der gemischten Gruppe war ursprünglich sehr eindrucksvoll. Durch die Veränderung wurde es eher abgeschwächt. Darum erschien es sinnvoll, das Bild in der ursprünglichen Form zu belassen. Die Szene könnte in einem Spielablauf an der Stelle gezeigt werden, wo Maria und Josef keine Wohnung finden, abgelehnt werden, so daß sie das Kind in eine Krippe legen müssen. Diese Ablehnung kommt in dem Bild überscharf zum Ausdruck.
Bei der *Szene der Mädchen* müssen die Übergänge klarer und deutlicher werden. Die Szene könnte an der Stelle gezeigt werden, wo es um die Verkündigung der Hirten geht.
Mit den *Jungen* führten wir ein Gespräch. Sie meinten, das gäbe es überhaupt nicht auf dem Schulhof, daß von irgendjemandem eine solche Situation aufgelöst würde. Das hätten sie noch nie erlebt, daß ein Mensch die Rolle eines Engels übernimmt. Trotzdem meinten wir damals, wir sollten ihnen die Aufgabe noch einmal neu stellen: "Überlegt, wie sich eine solche Situation auch auf dem Schulhof in eine gute Situation verwandeln könnte." Möglicherweise würde es den Jugendlichen helfen, Mut machen, Ideen zu entwickeln und zu erproben, wie sie solche hoffnungslosen Situationen verändern können.

Überlegung

Der von mir vorgetragene Gedanke, daß das Handeln und Eingreifen von Engeln auch auf Menschen zu übertragen ist, war sicher zu schnell und eine Überforderung der Konfirmanden. Es wäre sicher besser gewesen, die Konfirmanden zu fragen, ob sie sich an eine schwierige Situation erinnern können, in die ein anderer Mensch - ein Außenstehender - positiv eingegriffen und sie dadurch zum guten verändert hat.

Im Anschluß daran hätte der Hinweis kommen können, daß so der Umgang Gottes mit den Menschen aussieht, wie es in der Weihnachtsgeschichte deutlich wird.

Die Szene der Jungen ist mir nach dem Gespräch nicht aus dem Kopf gegangen. Sie haben die Anleitung nicht anders verstehen können, als sie sie gehört haben, und ein Junge hat sehr deutlich gesagt, daß er sich gar nicht vorstellen könnte, wie ein Mensch die Rolle eines Engels übernehmen würde. Insofern sollten sie wirklich bei dieser Szene bleiben. Sie ist von den Jugendlichen entwickelt worden und war ernsthaft und echt gemeint. Es ist wichtig, ihr Bild anzunehmen und ihnen nicht unsere Ideen überzustülpen. In der Predigt zu diesem Bild kann ja darauf hingewiesen werden, was der Junge gesagt hat. Ich denke, daß spricht dann für sich.

Überlegung
Wie gehe ich als Leiter/Leiterin mit Ergebnissen der KonfirmandInnen um, mit denen sie in die Öffentlichkeit gehen werden, wenn sie mir als zu oberflächlich, zu langweilig, zu weit weg vom Thema oder - wie in diesem Fall - als zu abgehoben, erscheinen?
Sicher gibt es Ergebnisse, mit denen man lieber nicht in die Öffentlichkeit gehen sollte. Aber zunächst muß ich mich selber fragen, ob ich mich nicht zu sehr durch meine eigenen Vorstellungen, Bilder und Gefühle leiten lasse und nicht ausreichend wahrnehme, welche Aussage, welches verborgene Anliegen hinter der Gestaltung der KonfirmandInnen steht.
Wie kann ich dieses Anliegen aufnehmen?
Oder: Habe ich das Thema an den KonfirmandInnen vorbei gestellt? War meine Formulierung irreführend?

Szenische Gestaltung mit Tüchern

An einem weiteren Nachmittag haben wir farbige Tücher zur Gestaltung der Szenen hinzugenommen.

Bei der gemischten Gruppe haben die Spieler, die in der Haltung von Werfenden standen, jeweils ein Tuch als Knäuel in die Hand genommen. Das sah besser aus. Wir gaben ihnen dann die Aufgabe, diese Szene zu verwandeln von einer aggressiven in eine freundlich zugewandte Haltung hinein. Das ging aber total schief. Sie warfen nur ihre Tücher beiseite, gingen auf die anderen zu und legten den Arm um ihre Schultern. Ich denke bei dieser Szene müssen wir - wie ursprünglich geplant - bei der herben Darstellung bleiben und sie nicht verändern.

Möglichkeiten ausprobieren

Weiter ging es mit der Jungenszene. Ich gab dem Jungen, der den Freund darstellte, der wegläuft, ein schwarzes Tuch. Zunächst fand er das "blöde". Ich habe ihm eine Möglichkeit gezeigt, wie er das Tuch halten kann. Dann sagte er: "Oh, dann kann man sich ja verstecken." Und das fand er gut. Für den, der den Engel hinter dem Altar gespielt hatte, und der an diesem Nachmittag fehlte, sprang ein anderer Junge ein, der sich bis dahin sehr geziert hatte, eine Rolle zu übernehmen. Stellvertretend war er dazu bereit, und zeigte sich dann sehr glücklich, daß er eine Rolle spielen konnte, war nicht mehr kindisch, nicht mehr albern, sondern arbeitete sehr positiv mit. Dieser Junge hatte sich selber ein großes gelbes Tuch genommen und war damit hinter den Altar gegangen, er kniete, so daß man ihn nicht sehen konnte. Als die anderen Jungen dann ihre Prügelszene gestellt hatten und darin verharrten, tauchte er hinter dem Altar auf und breitete das große gelbe Tuch aus.

Die Konfirmanden schlugen vor, daß er zur Sakristei-Tür gehen und sich von dort aus hinter den Altar stellen sollte. Die Szene gewann dadurch erheblich. Der Junge, der mit dem schwarzen Tuch von seinem Freund fortging und, nachdem der Engel aufgetaucht war, wieder zurück zu ihm, ließ bei seinem Rückweg das schwarze Tuch fallen. Das war seine eigene Idee und wurde positiv aufgenommen. Die Prügelszene löste sich so auf, daß die Jungen, die den Außenseiter am Boden verprügelt hatten, zurücktraten. Dieser stand auf und ging auf seinen Freund zu, der weggelaufen war, streckte ihm die Hand entgegen, ohne daß sich die Hände berührten. In dieser Haltung erstarrten sie dann. Auch dieser Vorschlag kam von den Konfirmanden.

Überlegung
Das Aufrichten aus der Prügelszene heraus geschah noch nicht sehr locker. Trotzdem wollten wir nicht vorgeben, wie die KonfirmandInnen diese Szene spielen sollen. Wir werden sie das selber herausfinden lassen, damit es wirklich ihre Szene wird und sie nicht nur etwas nachspielen.

Reflexion des Spiels: Das war der Engel ...

Nach dem Durchspielen der Szenen sind wir in das Gemeindehaus hinübergegangen. Die Leiterin hatte Zettel mit zwei Fragen vorbereitet. Die erste Frage lautete: Welche Gedanken hast du zu deiner eigenen Szene? Und die zweite: Welche Gedanken hast du zu den Szenen der anderen? Die KonfirmandInnen haben etwa eine Viertelstunde lang geschrieben, waren dabei unruhig, fragten: Kann ich dies schreiben, kann ich jenes schreiben? Alles wurde erlaubt. Danach wurden dann die Zettel vorgelesen. Einige Beiträge waren sehr kurz, wie: Fand ich gut.
Andere hatten längere, nachdenkenswerte Sätze geschrieben. Auffallend war, daß sie nicht ausgelacht wurden, sondern die anderen ihnen intensiv zuhörten. Einer hob die Brutalität der Szene hervor, in der der Junge verprügelt wurde, mochte aber selber seinen Text nicht lesen, weil ihm das "peinlich" war. Aber er fand es gut, daß einmal darüber geredet wurde - was sonst weder zu Hause noch in der Schule geschähe - und daß solche Szene einmal dargestellt und thematisiert wurde. Auch bei anderen war eine große Scheu zu beobachten, ihre eigenen Texte vorzulesen. Es ist ihnen noch ungewohnt, eigene Überlegungen und Emotionen vor anderen zu äußern. Ein Junge hatte geschrieben, daß ihm die Szene mit dem Engel nicht so gefalle, weil sie unrealistisch sei. Ein anderer zu dem gleichen Thema: "Wenn

jemand verprügelt wird, dann hat man plötzlich die Idee, warum verprügeln wir den eigentlich? Das hat doch in Wirklichkeit gar keinen Sinn. Und diese Idee haben wir durch den Engel dargestellt. Das war der Engel."

Damit hatte er nicht nur dem anderen Jungen geantwortet, sondern die Szene geistig und geistlich tiefer, als es uns Leitern möglich gewesen war, verarbeitet.

Ein biblischer Text als Schlüssel zu Grundfragen

Werte erfassen und bedenken durch die Seligpreisungen

Überlegung

Ausgangspunkt ist ein Thema und die Auswahl eines Textes dazu. Der Text soll in ein Wechselspiel mit den Erfahrungen der Jugendlichen gebracht werden, um ihnen so das Thema zu erschließen. In unserem Modellbeispiel haben sich die Leiter für ein Thema entschieden: Werte und Normen. Ebenso ist ein Text gewählt, um das Thema zu bearbeiten: die Seligpreisungen (Matthäus 5, 3-12). Um bei den Jugendlichen eigene Fragen zu entwickeln und sie in das Thema einzustimmen, wird ein anderer Text genutzt: die zehn Gebote.

Methodisch wird für die Konfirmandinnen und Konfirmanden zunächst eine Ausgangssituation geschaffen, in die sie hineingestellt werden. Die zehn Gebote werden angeboten, um ihnen die Möglichkeit zu geben, eigene Wertvorstellungen darin wiederzuerkennen und Fragen zu entwickeln, die dann vertiefend mit dem Text der Seligpreisungen bearbeitet werden. Im Beispielmodell geschieht diese Bearbeitung weitgehend in Gruppen, die bewußt nach Mädchen und Jungen getrennt sind.

Das *Thema* Werte und Normen wird in der KonfirmandInnenarbeit in der Regel im Zusammenhang mit den Zehn Geboten behandelt. Diese Zuordnung folgt der Tradition des Katechismus. In dem hier vorgestellten Projekt bilden die Gebote einen Ausgangspunkt; der Schwerpunkt aber liegt auf der Auseinandersetzung mit den Seligpreisungen Jesu, wie sie in der Bergpredigt Matth. 5, 3 - 12 überliefert sind. Grund dafür ist die Überlegung, Wertefragen gerade von daher "evangelisch" thematisieren zu können - also weniger gesetzliche Normen in Blick zu nehmen, als vielmehr unter der Zusage sinnvoller, bejahter Lebensmöglichkeiten Orientierungen zu klären.

Werte erfassen und bedenken durch die Seligpreisungen

Zeitlicher Rahmen

Im Gesamtprojekt gab es drei längere Einheiten und einen abschließenden Gottesdienst. Es gab für das erste und dritte Treffen je ein zweistündiges Zusammenkommen unter der Woche; das zweite Treffen fand an einem Sonnabend von 14 bis 19 Uhr statt. Ausführlicher soll hier insbesondere das zweite Treffen mit der Arbeit an den Seligpreisungen zum Erfassen und Bedenken von Werten beschrieben werden. Vorangestellt aber sei eine kurze Skizze des ersten Treffens, weil es der Hinführung zum Thema diente.

Einführung in die Methoden des Statuenbaus anhand eines Durchgangs durch die Zehn Gebote

Nach einer Begrüßungsphase mit Kennenlernspielen und gemeinsamem Singen zum Hineinkommen in die gemeinsame Arbeit wird das Thema und der Text der Zehn Gebote kurz erläutert.

Es werden Kleingruppen gebildet. Jede Kleingruppe greift aus einem Korb eines der vorbereiteten Lose, auf denen ein Gebot im Wortlaut steht. Dies soll die Kleingruppe mit einer Gruppenstatue darzustellen versuchen.

Die Darstellungen der Kleingruppen werden im Plenum nacheinander präsentiert und unter dem Gesichtspunkt besprochen: Vor welche Fragen stellt uns dieses Gebot? Worin besteht sein Sinn?

Hinweis
Wichtig ist die Regel der Präsentation: Die präsentierende Gruppe zeigt ohne Kommentar ihr Gruppenstandbild. Die Betrachtenden schauen und beschreiben, was sie sehen. Sie geben Tips ab, welches Gebot hier dargestellt ist.
"Falsche" Tips wurden hierbei ein wichtiger Schlüssel; sie zeigten verborgene Verbindungen zwischen den einzelnen Gebotsinhalten und machten sie zum Gesprächsthema.

Durch die Zahl der Kleingruppen (sechs) und das hier gewählte Losverfahren wurden vier Gebote nicht zur Darstellung gebracht. Zu diesen Geboten werden abschließend von den einzelnen Gruppen Bilder gemalt, deren Betrachtung wieder unter die oben genannten Fragen gestellt wird.

Abschließend erhalten alle KonfirmandInnen den Wortlaut der Zehn Gebote und textliche Varianten, die ihnen ein Aufnehmen des inneren Sinns der Gebote erleichtern. Sie markieren für ihre eigenen Unterlagen die Textteile, mit denen sie sich an diesem Tag durch Statuenbau bzw. durch Malen eines Bildes beschäftigt haben und notieren, welche Fragen ihnen dazu in Erinnerung sind.

Überlegung
Bei dieser ersten Hinführung auf das Thema "Werte und Normen" geht es darum, die Jugendlichen einzuführen in Fragestellungen, die in Normen ihren Ausdruck finden. Durch die gewählte Methode des Statuenbaus in kleinen Gruppen geschieht dies spielerisch und schafft Gesprächsanlässe über Fragen, die mit den Geboten und den in ihnen enthaltenen Werten und Normen gegeben sind.

Fünf Schritte zur Entwicklung eigener Themen in Gruppen

1. Vorbereitung: in Bewegung und Konzentration kommen

Für den Beginn im Plenum ist ein leerer, großer Raum mit einem Stuhlkreis und einem Licht in der Mitte vorbereitet, ebenso ein

Liedblatt mit vertrauten und neuen Liedern, die auf das Thema hinführen. Für das Spielerische in Bewegung und Wahrnehmung des Körpers sind an dieser Stelle gut geeignet:

- o *Stop-Gehen.*
- o *Zentriert stehen* (3).

Dieses Hineinkommen in Bewegung und Konzentration kann abgeschlossen werden mit der Aufforderung, ein/e jede/r möge sich entspannen, strecken, lockern und dann eine Haltung wählen, die angenehm ist, um jetzt den Bibeltext für den Tag zu hören und damit weiterzuarbeiten.

2. Textimpuls

- o Zunächst Lesen des Textes Matth. 5, 3 - 12 mit einem Textblatt für jede/n.
  Den Jugendlichen ist dieser Text weithin unbekannt. Sie sollen das Hören beim ersten Kennenlernen durch Lesen verstärken können.
- o Danach den Text ausschließlich hören; die Aufgabe, die damit verbunden ist: sich ein Wort zu merken, das ich als Hörende/r spannend und interessant finde.

3. Sich in Beziehung setzen / etwas gestalten

Zu dem Wort gilt es nun, ein Bild zu malen (jede/r für sich).

> *Hinweis*
> An dieser Stelle lassen sich verschiedene Variationen denken. Das gefundene Wort kann in einem Bild so gestaltet werden, daß es mit seinen Buchstaben lesbar ist, und die Gestaltung der Buchstaben bzw. des Umfeldes etwas vom Sinn des Wortes ausdrückt. Das Wort oder der Satzteil, der gefunden wurde, kann aber auch als reiner Ausgangspunkt verstanden werden und als Anregung dienen, frei ein Bild zu entwerfen.

4. Veröffentlichen / erweitern

Die TeilnehmerInnen setzen sich nun mit den gemalten Bildern jeweils zu dritt zusammen. Regel: Nur *ein* Bild wird jeweils zur Betrachtung in die Mitte gelegt; die zwei Betrachtenden haben das Wort, der/die Maler/in hört zunächst nur zu. Abschließend nimmt der Maler/die Malerin des Bildes Stellung, kann erläutern und seine Sicht erklären und trifft mit den beiden Gesprächspartnern eine Entscheidung für einen Bildtitel. Hinweis: Bewährt hat sich hier als Regel zu setzen, daß in dem Bildtitel das ursprüngliche Wort des Textes nicht auftauchen soll. So wird eine Art Transformation und Vertiefung in der Auseinandersetzung angeregt.

5. Themenfindung und Gruppenbildung

Das Plenum trifft sich, aufgeteilt in zwei getrennte Kreise: ein Kreis der Jungen, ein Kreis der Mädchen.

In diesem Projekt wird an dieser Stelle ein besonderer Akzent gesetzt. Es soll bewußt Raum sein für die Bilder und Themen der Mädchen und der Jungen, jeweils für sich. Im Vorbereitungsteam waren wir gespannt, ob sich Unterschiede in der Thematik und der Gestaltung ergeben würden (4). Bilder und Titel werden in den beiden Kreisen vorgestellt.

Aufgabe für beide Kreise:

Es soll zu diesem Zeitpunkt bewußt nur um eine kurze Vorstellung des Bildes gehen, nicht um ein weiteres Gespräch, da der intensive Austausch über die Bilder bereits in den Dreier-Gruppen stattgefunden hat. Ziel ist eine Zusammenschau, um in der Gruppe zu sichten und zu entscheiden, welche Bilder und Bildtitel irgendwie zusammengehören bzw. zusammenpassen und so ein gemeinsames - vorläufiges - Thema ergeben können. Durch den thematischen Zusammenhang der Bilder sollen sich Kleingruppen finden.

Zeitlicher Rahmen:

Für den Prozeß vom Beginn im Plenum bis zur Bestimmung der Themen in den zwei kleinen Plenen von Jungen und Mädchen ist eine Zeit von mindestens 90 Minuten notwendig. Danach ist eine erste Pause sinnvoll.

Arbeit an den Themen

Kleingruppen zur Erarbeitung von Szenen

In den Kleingruppen sollen nun zu ihren Themen eigene "Beispielszenen" entwickelt werden. Zu diesem Zeitpunkt ist als Spielregel einfach und klar anzuweisen:

- eine Szene zu entwickeln,

- auf einen klaren Anfang, eine gestaltete Mitte und einen klaren Schluß zu achten,
- das Spiel ohne Worte zu entwickeln und vorzutragen.

Die Zeit, die dafür zur Verfügung steht, beträgt ca. 30 Minuten.

Überlegung
Es wird sich in der Regel um ein relativ spontanes Rollenspiel handeln. Die Weiterarbeit im nächsten Schritt verdichtet dieses Spiel in drei klar zu gestaltende Momentaufnahmen. Deshalb ist die Regel "ohne Worte" hier als eine Vorwegnahme und Hinführung für das folgende zu verstehen. Es ist aber genauso möglich, das spontane Rollenspiel als echtes Rollenspiel - also mit Worten - entwickeln und dann beim nächsten Schritt die Bewegung und die Sprache zurücknehmen zu lassen.

Die einzelnen Gruppen sollten genügend Zeit haben und einen eigenen Spielort. Das muß nicht immer ein eigener Raum sein, es können in einem großen Raum nach unserer Erfahrung auch mehrere Gruppen gleichzeitig arbeiten.

Präsentation der szenischen Beispiele

In dem hier beschriebenen Projekt wurde diese erste, vorläufige Präsentation wieder bewußt in einem voneinander getrennten Jungen- und Mädchenplenum durchgeführt.

Spielregel:

- Eine Gruppe präsentiert und spielt,
- die anderen nehmen wahr, äußern, was sie sehen,
- die Betrachter äußern erst nach der Beschreibung ihr Verständnis des Gezeigten und geben ihm mögliche verschiedene Titel,
- die SpielerInnen-Gruppe äußert sich zum eigenen Spiel.

Hinweis
Hier können die Teilnehmenden *Wahrnehmung* einüben;

Wahrnehmen läßt sich am klarsten durch "Beschreiben" des Gesehenen üben. Deshalb ist es erforderlich, die Jugendlichen auf das *"Beschreiben"* zu begrenzen, und sie nicht sofort in ein meist übliches Werten und vorschnelles Deuten abgleiten zu lassen.

Konzentration der Szenen auf drei Fotomomente

Die SpielerInnen gehen in ihre Kleingruppe zurück und erhalten die Aufgabe, unter Berücksichtigung des Zieles, das sie sich selbst für ihr Spiel gesetzt haben und dessen, was sie im Plenum dazu gehört haben, das eigene Szenenspiel zu reduzieren auf drei Fotomomente, in denen die SpielerInnen als Statuengruppe exakte Haltungen einnehmen.

Dieser Schritt ist sehr wichtig. Das spontane Rollenspiel wird dadurch verändert in eine klare, miteinander erarbeitete Gestaltung. Die drei stehenden Bilder entwickeln in der Regel eine ganz andere Dichte als es ein Rollenspiel vermag. Bewegung und Sprache sind jetzt aus dem Spiel genommen; dafür treten die Beziehung der Haltungen und die Blickrichtungen zueinander - als sichtbar gemachte Aussagen - in den Vordergrund.

Die drei Fotostandbilder im gemeinsamen Plenum

Jetzt ist der Gang ins Thema vollzogen. Durch die Aufteilung in Jungen- und Mädchengruppen ist eine zusätzliche Spannung entstanden. Die Jungen und Mädchen kommen wieder zusammen und zeigen und diskutieren im Plenum ihre erarbeiteten Bilder. Die Präsentation besteht aus jeweils zwei Durchgängen pro Spielgruppe.

- *Zeigen:* Aufbau des ersten Standbildes / in Ruhe anschauen / Auflösen / entsprechend das zweite und dritte Standbild präsentieren:
- *Besprechen:* Nach diesem Durchgang werden die drei

Standbilder im Plenum besprochen (Was fällt auf im Vergleich zum Rollenspiel? Welche Eindrücke rufen die drei Momente jetzt hervor?);

- *Fotografieren:* Zum Abschluß stellt sich die Spielgruppe nochmals in die Position eins, dann zwei, abschließend drei, und wird in diesen jeweils fotografiert.

Überlegung

Das Fotografieren erhöht die Motivation der KonfirmandInnen, in voller Disziplin ihren Ort für die Standbildgruppe zu klären, einzunehmen und mit Haltung und Blick zu füllen. Die Fotos können später nicht nur zur Erinnerung wertvoll sein, sondern für die Weiterarbeit genutzt werden - z.B. für die Präsentation im Gottesdienst, wie im vorliegenden Projekt.

Erneute Zuordnung zu den Seligpreisungen

Nach dieser zweiten Phase (Zeitbedarf ca. 60 Minuten) wird wieder eine Pause gemacht, in der die Leiter Zeit haben, die Szenen noch einmal Revue passieren zu lassen. Sie ordnen jeder Szene jeweils eine Seligpreisung zu. Kriterium ist, eine Seligpreisung als Erweiterung von Lebens- bzw. Sichtmöglichkeiten auf das Leben und das im Spiel zum Ausdruck gebrachte Problem einzubringen.

Erweiterung der Fragestellung - Erweiterung des Mediums

In den hier geschilderten Schritten geht es zunächst darum, die Jugendlichen mit ihren Szenen ernstzunehmen. Es sind *ihre* Äußerungen zum Thema. Jetzt kommt als Anliegen hinzu, diese Äußerungen zum Thema "Werte und Normen" bewußt *mit biblischen Werten,* wie sie in den Seligpreisungen zum Ausdruck kommen, zu konfrontieren. Dieser Rahmen wird den Jugendlichen gesetzt. Welche Entdeckungen sie darin machen, steht ihnen frei.

Mit Tüchern das Spiel erweitern

Die Konfirmandinnen und Konfirmanden erhalten zunächst die Möglichkeit, ihr spielerisches Repertoire zu erweitern. Im Plenum werden Tücher spielerisch eingebracht als Requisite, Verkleidungsstück, Hilfsmittel zum Ausdruck von Beziehungen etc. (5).

Das Spiel thematisch vertiefen - Rückbindung an den biblischen Text

Die Kleingruppen erhalten die Seligpreisung, die das Team in der Pause für sein Spiel als Erweiterung, Impuls, Infragestellung festgelegt hat. Dies geschieht durch einen Tonpapierbogen, auf dem der Text der jeweiligen Seligpreisung groß aufgeschrieben steht. Der Impuls der Seligpreisung soll der jeweils eigenen Geschichte, die die Jugendlichen gezeigt haben, zugeordnet werden. An welcher Stelle - ob gleich am Anfang, in der Mitte, oder als neuer Schluß - bleibt ihnen überlassen. Auch ist jetzt der Wandel von einem Statuenmotiv zum nächsten mit Bewegung und unter Nutzung eines oder mehrerer Tücher möglich. Die Jugendlichen haben dafür 30 Minuten Zeit in ihrer Gruppe. In dieser Zeit ist ein Stück innerer Auseinandersetzung und die gestalterische Klärung des Spiels zu leisten.

> *Hinweis*
> Bewährt hat sich die Aufforderung und Ermutigung, nach einer ungefähren inhaltlichen Klärung möglichst schnell in das Erproben des gestalterischen Ausdrucks zu gehen. Denn gerade im Klären der Haltungen und des Spielablaufs, der Positionen und Beziehungen geschieht eine inhaltliche Auseinandersetzung und ein Kennenlernen und Aneignen unterschiedlicher Sichtmöglichkeiten zu dem Thema.

Revue und Gesprächsauswertung: Szenen mit Tüchern zu den Seligpreisungen

Diese Arbeitsphase wird abgeschlossen mit einer großen Revue aller Szenen. Spielregel:

- Titel ansagen,
- spielen,
- Konzentration des Spiels auf ein stehendes Bild mit Tüchern: Die Kleingruppe sagt, welche Situation aus dem Spiel mit Tüchern als Aussage ihres Spiels fotografiert werden soll, geht in diese Position und hält dies eine Zeit - zum Betrachten durch das Plenum und zum Fotografieren - aus.
- Auswertung: Es folgt anschließend ein Gespräch über das, was aufgefallen ist bei den Spielen und dem abschließenden Gruppenbild, insbesondere über die inhaltlichen Fragen zu den Seligpreisungen, über sichtbar gewordene Werte und Umkehrungen von Werten.

Erfahrungen

Seligpreisungen - ins Spiel gebracht

Es gab inhaltliche Momente, die bei allen Foto-Bildern gleichermaßen auftauchten. Dies gilt unabhängig davon, ob sie von Jungen oder Mädchen erarbeitet und inszeniert waren.

o In allen Spielszenen gab es *Opfer*. Das war schon in der Bilanz des ersten Treffens zu den Zehn Geboten sichtbar geworden: Wenn die Gebote als Leitlinien nicht realisiert werden, bleibt etwas oder jemand auf der Strecke. Durch die Aufnahme der Seligpreisungen in die eigenen Spielgeschichten geschieht hier eine Veränderung. Die Spielszenen - bzw. deren Reduzierung auf drei Fotomomente - zeigen, wie *unter dem Zuspruch der Seligpreisungen eine neue Sicht* entstehen kann und möglichen Opfern Kraft und Initiative ermöglicht werden. Ebenso wird einem bedenkenlosen Tun, das andere zu Opfern macht, eine Wendung gegeben: Täter halten inne.

- Sichtbar wurde auch, wie *angewiesen* wir sind: Angewiesen darauf, wahrgenommen zu werden und Zuwendung zu erfahren - die Wendepunkte einer Situation gehen von solchen Impulsen aus; ebenso angewiesen darauf, wahrzunehmen (mit offenen Sinnen zu leben) und uns zuzuwenden (Beziehung und Klarheit zu wahren).

Die Seligpreisungen - so ins Spiel gebracht - stellen tatsächlich einen neuen Raum her: ein Innehalten, ein Hinschauen, ein Sich-Orientieren an dem, was in sich eine gute Kraft enthält, was Halt und Mut ins Leben bringt und "Sinn" macht. Sie lehren etwas von der Kunst, Liebe zu sich selbst und zu anderen durchzuhalten.

Mädchen und Jungen in ihren Unterschieden

Bei diesem Projekt lag ein Akzent auf der phasenweise bewußt getrennten Arbeit von Mädchen und Jungen (6). Interessant ist, auf die *Textstellen,* die die einzelnen als Einstieg wählten, und die gemalten *Bilder* zu sehen.

Bei den *Mädchen* tauchen schwerpunktartig Worte auf wie "reines Herz" (viermal), "brennend auf Gerechtigkeit warten" (zweimal), und "neue Welt" (zwei mal); für die Bilder, die zu diesen Worten gemalt wurden, wählten die Mädchen als Titel in großer Zahl Beschreibungen und Begriffe von Beziehungsqualitäten: Leidenschaft, Glück, Feuer der Gerechtigkeit, ein Herz für alle, etc.

Bei den *Jungen* waren die gewählten Textstellen schwerpunktartig Worte wie "keine Gewalt" (dreimal), "die Not", "brennend auf Gerechtigkeit warten" (zweimal), ebenso auch "reines Herz" (zweimal) und "neue Welt" (dreimal) - also durchaus ähnlich und vergleichbar mit der Mädchengruppe. Für die Bilder dazu wählten die Jungen allerdings andere, an Sachverhältnissen orientierte Titel wie: die Krähe, Punker im Wald, die Welt in gelb, Gleichgewicht, Verbindung zu Gott, der Vogel, etc.

Aus den Bildtiteln entstandene Themengruppen

Bei den *Mädchen* entstanden aus den Bildtiteln drei gemeinsame Themengruppen, die sich folgende Arbeitstitel und Spielaufgaben selbst gaben:

"Hoffnung auf eine neue Welt" (I)
"Glück und Unglück" (II)
"Liebe und Haß" (III).
Die Spielerinnen der zweiten und dritten Gruppe entwickelten jeweils Spiele zu Beziehungsfragen zwischen Jugendlichen (Freundschaft, Clique) bzw. aus der Welt ihrer Eltern.

Bei den *Jungen* entstanden mit der Themenfindung zwei Spielgruppen. Deren Arbeitstitel und Spielaufgaben wurden:
"Hoffnung - ein anderer Gedanke" und
"Was Neues kommt ins Chaos".

Wahrzunehmen sind schon von diesen Stichworten her die unterschiedlichen Akzente, die hier bei den Mädchen und bei den Jungen jeweils in der Annäherung an die Seligpreisungen gesetzt wurden. Für diesen eigenen Zugang war Raum. Mädchen und Jungen konnten in der Erarbeitungsphase für sich agieren und gestalten. Ihr Zugang konnte auf eigene Weise ungestört probiert und entwickelt werden. Die Interaktion war nicht von vornherein von Dominanzen der einen über die anderen geprägt (7). Die Unterschiede konnten ausgedrückt und deutlich werden. Mit den Arbeitsansätzen des Bibeltheaters und bei der Differenzierung zwischen Mädchen und Jungen sind die Konfirmandinnen und Konfirmanden *Subjekt ihres Lernens.*

"Hoffnung" - gemeinsames Motiv von Mädchen und Jungen

Die "Ergebnisse" der Spielszenen waren - so unsere Wahrnehmung - schließlich in dem, was darin an Wertfragestellungen zum Ausdruck kam, ganz nah beieinander.

"Hoffnung - ein anderer Gedanke" war als Arbeitstitel einer der

Kleingruppen bei den Jungen entstanden, "Eine neue Welt" der Arbeitstitel einer Kleingruppe bei den Mädchen. Beide möchte ich für die Auswertung in ihren Arbeitsergebnissen kurz vorstellen - exemplarisch für das, was bei den Gruppen in Wahrnehmung der Seligpreisungen an Auseinandersetzung und Gestaltung geschah.

Die Gruppe "Hoffnung - ein anderer Gedanke" zeigte in ihrem Spiel die Bedrohung eines einzelnen durch eine Clique von vier anderen. Die Seligpreisung, die diesem Spiel zugeordnet wurde, war: "Selig sind die, die verfolgt werden, weil sie Gerechtigkeit üben - denn sie werden mit Gott in der neuen Welt leben" (Matth. 5,10). Dieser Impuls wurde in der abschließenden Gestaltung mit Tüchern aufgenommen durch zwei klare Entscheidungen. Bild 2 zeigte: Der Verfolgte stellt sich - dreht sich um - sieht dem Bedrohlichen ins Auge. Die "Lösung" der Gruppe zeigte Bild 3: Der Verfolgte geht durch die "Wand der Clique" hindurch, verändert die Situation durch seine eigenen Schritte, und läßt die Bedrohung ins Leere laufen.

Die Gruppe "Eine neue Welt" zeigte in ihrem Spiel einen Kreistanz mit der Gebärdensprache sich ungleichmäßig hebender und senkender Arme. Dieses Zeichen als Ausdruck von Ungerechtigkeit steigerte sich in einer zweiten Phase des Spiels bis zum Zusammenbruch. Gleichzeitig stand im Abstand und erhöht dazu eine still schauende bzw. die Augen verschließende Person. Für die abschließende Gestaltung unter Nutzung der Tücher wurde dieser Gruppe die Seligpreisung gegeben: "Selig sind die, die unter der Not der Welt leiden, denn Gott wird ihnen ihre Last abnehmen" (Matth. 5,4). Die Spielerinnen nahmen diesen Impuls auf, indem die im Abstand über allen stehende Person ein Tuchknäuel greift und es in die Gruppe der zusammengebrochenen Spielerinnen hält. Diese empfangen das Tuch nicht passiv, sondern kommen ihm entgegen mit den Blicken ihrer Augen und mit ausgestreckten Händen. Im anschließenden Gespräch darüber stand das gereichte Tuch im Mittelpunkt. Es kann für "Brot" stehen, es kann für direkte andere "Hilfe" stehen, es kann auch ein "Kind" darstellen. Das Gespräch lebte von der Vielfalt solcher Assoziationen und Sichtweisen. In all dem klang die Grundidee der Spielerinnen in ihren verschiedenen Facetten an: Gott tritt hinzu - und das heißt in jedem Fall: Es gibt für die Darniederliegenden eine neue Hoffnung, etwas, was die Blicke und Häupter sich aufrichten läßt (ein Kind wie bei Christi Geburt, eine greifbare Hilfe wie bei "Brot für die Welt").

Leibhaft glauben lernen - die Bedeutung der Ansätze des Bibeltheaters für die Orientierung in Wertefragen

Was beim Thema Werte und Normen selbstverständlich betont werden muß, ist die Frage, inwieweit die Behandlung des Themas im Konfirmandenunterricht die Jugendlichen in ihrer inneren Einstellung wirklich erreicht und berührt. Als gesondertes Thema in einem Curriculum bleibt der Einfluß sicher immer beschränkt. Wir wissen, ein Wertsystem ist wie ein Orientierungssystem, nach dem ein Mensch seinen Lebenskurs - sein "Programm" - gestalten kann. Werte ermöglichen Ordnungen, Formen und Strukturen. Dafür braucht es zur Vermittlung personale Verläßlichkeit und Riten in Wiederholung und klarer Gestalt. Werte im Sinne einer lebensorientierenden Ordnung werden in sehr langen und komplexen Prozessen angeeignet (8).

Um so wichtiger ist es, bei den begrenzten Möglichkeiten der Konfirmandenzeit mit erfahrungsorientierten Ansätzen an dieses Thema heranzugehen. Im Erleben einer Fragestellung, im gemeinsamen Gestalten eines Impulses aus den Seligpreisungen, im Absprechen und Probieren möglicher Lösungen geschehen Austausch und Klärungen; in der Entwicklung eines Spiels und in der Präzisierung gestalterischen Arbeitens kommt es zu Erlebnissen, die mit der anschließenden Reflexion verbunden, zu einer Erfahrung werden können. Voraussetzung dafür ist eine Atmosphäre, in der es nicht um Konkurrenz geht, um "besser" oder "schlechter", um Aufwerten oder Abwerten eigener oder anderer Versuche. Es geht um Wahrnehmung der angebotenen Spielideen und Ausdrucksformen. Erkennen, Verstehen und Hineinfinden sind in dieser Arbeit förderlicher und wichtiger als vorschnelles Werten, Einordnen und Vergleichen. Die Jugendlichen zu dieser Einstellung anzuhalten und diese mit ihnen einzuüben, ist ein "Wert", der in der Arbeit mit den Ansätzen des Bibeltheaters von vornherein angelegt ist. Dieser Wert hat zu tun mit Gleichberechtigung aller im Prozeß Beteiligten, mit Ernstnehmen des Gegenübers und der eigenen Impulse, mit einem Wachsein im Wahrnehmen und Wahrgenommen werden. Mit dieser Methode geschieht in sich schon der Vollzug einer bestimmten Haltung, um die es inhaltlich bei den Seligpreisungen geht: Zuspruch, Ermutigung und Halt, Innehalten und neues Hinschauen auf das eigene Leben. Mit dieser Haltung entdecken wir - an Beispielen eigenen Erlebens - "was gut ist".

"Der Name dieser unendlichen Tiefe und dieses unerschöpflichen Grundes alles Seins ist Gott. Jene Tiefe ist es, die mit dem Wort Gott gemeint ist. Und wenn das Wort für euch nicht viel Bedeutung besitzt, so übersetzt es und sprecht von der Tiefe in eurem Leben, vom Ursprung eures Seins, von dem, was euch unbedingt angeht, von dem, was ihr ohne irgendeinen Vorbehalt ernst nehmt. Wenn ihr das tut, werdet ihr vielleicht einiges, was ihr über Gott gelernt habt, vergessen müssen, vielleicht sogar das Wort selbst. Denn wenn ihr erkannt habt, daß Gott Tiefe bedeutet, so wißt ihr viel von ihm."

Paul Tillich

Erlebnisräume öffnen

Versuche zum dritten Gebot

Unsere Wertvorstellungen hängen u.a. mit Erfahrungen zusammen, die wir in bestimmten Situationen gemacht haben, mit Erlebnisräumen, die den KonfirmandInnen zum Teil verschlossen sind. Unsere Vorstellungen und die Assoziationen, die wir damit verbinden, bleiben ihnen oft fremd. Und dabei muß es nicht gleich um den gesamten christlichen Glauben gehen, sondern das geschieht auch, wenn es sich um einzelne Elemente handelt, die für uns in ihrer befreienden und lebenstiftenden Art grundlegend sind. Das bedeutet eine Spannung, der wir uns nicht entziehen dürfen. Wir müssen mit solchen Wertsetzungen den Jugendlichen als Personen, als Gegenüber erkennbar bleiben.

Auf der anderen Seite wissen wir, daß wir unsere Werte den KonfirmandInnen nicht einfach überstülpen können und es auch nicht wollen. Das würde ja bereits unser Wertesystem völlig in Frage stellen. Wir können ihnen unsere Wertvorstellungen nur nahebringen, wenn wir bei ihnen auf Erinnerungen, Gedanken, Träume stoßen, die mit diesen Werten korrespondieren und so bei ihnen überhaupt erst eine Auseinandersetzung ermöglichen.

So kann es passieren, daß manche gut gemeinte Anleitung bei den Jugendlichen vollkommen andere Assoziationen auslöst als bei den LeiterInnen, in eine gänzlich andere Richtung führt als beabsichtigt. Da wird dann zwar sichtbar, was die Jugendlichen gerade bewegt und beschäftigt, aber es werden keine Erlebnis- und Erfahrungsräume aufgeschlossen, in denen für die KonfirmandInnen neues Wahrnehmen möglich wird.

Da wir als Leiterinnen und Leiter dafür nicht der Gruppe die Verantwortung zuschieben können, ergibt sich für uns eine große Chance: Wir können darüber nachdenken, was wir an welcher Stelle in bezug auf die Gruppensituation falsch gemacht haben, wo wir den Jugendlichen mit unserer Themenstellung nicht gerecht geworden sind, ihre Situation nicht genügend wahrgenommen haben. Und wir können überlegen, welche anderen Wege möglich sind, um den Jugendlichen eine Auseinandersetzung mit dem gestellten Thema zu ermöglichen. (Aber auch, wenn eine Unterrichtseinheit gut gelungen ist, sind wir dafür verantwortlich. Es lohnt sich, zu reflektieren, warum dieser oder jener Zugang für diese Gruppe zu diesem Zeitpunkt der richtige gewesen ist.)

Im folgenden Beispiel ist es bei dem ersten Versuch während eines Wochenendes nicht gelungen, einen Anknüpfungspunkt zu finden, von dem aus das Thema für die KonfirmandInnen annehmbar geworden wäre. Es ging in Zusammenhang mit dem dritten Gebot um "geschenkte Zeit". Für die Jugendlichen war es schwierig, mit diesem Begriff etwas anzufangen. So mußte ein neuer Zugang gefunden werden. Dabei war zu berücksichtigen, daß es für die Jugendlichen sowohl schwierig war, mit dem Thema "Geschenk" etwas anzufangen, als auch zu dem Thema "Zeit" neue Ideen zu entwickeln, solange sie mit den Gedanken in ihrem gewohnten Umfeld blieben.

"Jugend heißt Reifung, und Reifung erfordert Zeit. Und solange der Jugendliche nach Reife strebt, muß die Verantwortung von Elternfiguren getragen werden. Wenn Elternfiguren sich versagen, müssen die Jugendlichen den Schritt in eine falsche Reife tun und verlieren ihren größten Reichtum: die Freiheit, Ideen zu haben und ihren Impulsen zu folgen."

D. W. Winnicott

Versuche zum Dritten Gebot

Unsere Vorentscheidung lautete: lieber an einem der Gebote sehr gründlich arbeiten, anstatt alle nur relativ kurz behandeln.

Entscheidungsfindung

Die Konfirmanden bekamen zunächst die Aufgabe, die zehn Gebote neu zu ordnen. An die erste Stelle sollten sie das Gebot setzen, das ihnen am wichtigsten erschien. An die letzte Stelle das, was für sie den geringsten Wert hatte. Wie zu erwarten, standen die ersten beiden Gebote sehr weit hinten, auch das vierte Gebot stand unter den letzten vieren.

Ein Junge hatte allerdings das vierte Gebot ziemlich oben angeordnet. Seine Eltern waren geschieden. In einer Auseinandersetzung mit einem anderen Jungen sagte er: "Wieso regst du dich darüber auf, daß ich das vierte Gebot so hoch oben angesiedelt habe? Wenn du willst, daß deine Eltern dich ehren, dann mußt du sie doch auch ehren."

An der letzten Stelle der Werteordnung stand bei den meisten das dritte Gebot. Dieses wurde als die dringliche Aufforderung verstanden, jeden Sonntag in die Kirche zu gehen. Die Konfirmanden meinten dazu, daß sie selber entscheiden wollten, was sie an diesem freien Tag machen und was nicht.

In der Weiterarbeit haben wir uns dann auf das dritte Gebot beschränkt, und zwar genau aus dem Grunde, daß es bei den Jugendlichen am schlechtesten wegkam. Dadurch war für uns, aber auch für die Jugendlichen eine positive Spannung vorgegeben.

Spielerische Annäherung

Von 2. Mos. 20 aus haben wir den Feiertag als eine Zeit der Ruhe, als geschenkte Zeit, verstanden. Ausgehend von diesem Gedanken hatten wir eine Konfirmandenfreizeit zum dritten Gebot vorbereitet. Zu der Geschichte vom Ährenausraufen am Sabbat haben die Konfirmanden mit Kochlöffel-Puppen Szenen entwickelt. Zu dem Gebot wurde mit Rollenspiel, Standbildern und dem Gestalten von Plakaten gearbeitet.

Erfahrung

Es stellte sich heraus, daß die Konfirmanden mit dem Gedanken der Ruhe - mit geschenkter Zeit - nichts anfangen konnten. Sie waren nicht in der Lage, unbefangen zu diesem Thema zu assoziieren und füllten die Zeit mit lauter lauten Dingen, die auch in ihrem Alltagsleben eine Rolle spielten.

Erlebnisse wachrufen

Für eine nächste Einheit haben wir neu überlegt, wie wir die Konfirmanden an das Thema heranführen könnten. Meine Kollegin hatte dann für jeden Konfirmanden und jede Konfirmandin ein kleines Geschenk vorbereitet und wunderschön in buntes Papier eingewickelt, mit einem kleinen Bleistift und einem zusammengerollten leeren Zettel dabei. Die Geschenke waren u.a. einige schöne Steine, eine Schraube mit Mutter, Knöpfe, ein Stück buntes Band ... Die Konfirmanden wurden gebeten, sich einen Platz für sich allein zu suchen, das Päckchen zu öffnen und die Gedanken, die ihnen dazu kamen auf den Zettel zu schreiben. Es entstand eine ganz ehrfurchtsvolle Stille. In großer Ruhe haben sie ihre Geschenke ausgepackt und ihre Gedanken dazu auf den Zettel geschrieben. In der Runde stellten sie einander die Geschenke vor und sagten, wie es ihnen damit gegangen sei. Im Anschluß daran baten wir sie, in Dreiergruppen zu gehen.

Für die folgende Phase hatten wir für jede Dreiergruppe einen großen Bogen weißen Karton vorbereitet. Mit schwarzem Filzstift hatten wir darauf einen Bach, einen Stein, eine brennende Kerze,

eine Wolke (also die vier Elemente Wasser, Erde, Feuer und Luft) und einen Baum und drei leere, kleine Häuser (für jeden aus der Gruppe eines) gemalt.
Den Gruppen sagten wir: "Nehmt euch Filzstifte und setzt euch um eine Zeichnung herum. Stellt euch vor, ihr befindet euch zu dritt an diesem Ort. Einen ganzen Tag werdet ihr dort sein, habt nichts von alledem dabei, was euch sonst umgibt, keine Musik, keinen Ball, keinen Fernseher, keinen Computer. Was tut ihr miteinander, was fangt ihr mit eurer Zeit an? Malt es in die Bilder hinein."

Erfahrung

Sofort begannen sehr lebendige Gespräche und die Konfirmanden malten mit bunten Filzstiften in das Bild. Natürlich haben sie etwas gemogelt, hatten Sägen und Taue dabei, aber nichts von den üblichen Unterhaltungsmitteln, die auf der Freizeit eine so große Rolle gespielt hatten. Mädchen kletterten auf den Baum, pflückten Früchte, die Jungen angelten Fische, sie kochten und aßen zusammen. Andere hatten eine Brücke über den Bach gebaut, ein anderer hatte sich in sein Haus gelegt, um einmal richtig faul zu sein, zu schlafen und Ruhe für sich zu haben.
Aber auch dieses: Ein Junge hatte auf die Kerze ein Kreuz gemalt und darunter seine Namensinitialen: "An so einem Tag hat man Ruhe und Zeit zum Nachdenken." In einer anderen Gruppe hatte ein Junge ein Haus in eine Kirche verwandelt und einen Pastor davor gezeichnet. Er kicherte und alberte, als er sein Bild vorstellte, aber ein Mädchen aus der Gruppe sagte: "Mirko lacht bloß jetzt so. Wir haben das ganz ernst gemeint. An so einem Tag hat man Zeit und denkt dann auch an Gott."
Zu Beginn dieser Stunde hatten wir das dritte Gebot nicht einmal erwähnt. Im Anschluß an die Gespräche haben wir dann an das dritte Gebot erinnert und miteinander darüber gesprochen.
Ein Junge hatte zu seinem Bild gesagt, einen Tag fände er das sehr schön, aber das genüge ihm auch an diesem Ort. Damit lag er gar nicht verkehrt. Es ist ja nicht täglich Feiertag, sondern sechs Tage in der Woche soll der Mensch arbeiten.

Wege der Identifikation mit biblischen Gestalten

Die Taufe Jesu - Der Blinde von Jericho

Die Identifikation mit biblischen Gestalten ist eine der grundsätzlichen Möglichkeiten, sich biblischen Geschichten zu nähern. Den KonfirmandInnen wird dabei Raum gegeben, sich für eine Zeit in eine biblische Person hineinzubegeben. Dabei wird über die biblischen Geschichten hinaus relativ wenig an Hintergrundsinformation vorgegeben, so daß die Phantasie der Konfirmanden angesprochen wird, selber die Person zu realisieren.

Identifikation ist - mit unterschiedlichem Akzent - mit deutlich benannten Einzelpersonen, wie dem reichen Jüngling oder einer Jüngergestalt, wie auch mit einem anonymen Menschen aus einer Volksmenge - wie bei der Speisung der Fünftausend - oder aus einer anderen größeren Gruppe wie etwa bei den siebzig Jüngern, die Jesus aussandte, möglich.

Im ersten Fall bei der Identifikation mit einer deutlich benannten Einzelperson - geht es um die Auseinandersetzung mit dem Verhalten, der Biographie, der Lebensart bzw. dem Konflikt der jeweiligen Person:

- Was kann ich verstehen und nachvollziehen?
- Was ist mir fremd und ärgerlich?
- Wie würde ich mich in ihrem Fall verhalten?

Bei der Identifikation mit einer Person aus einem größeren Kreis, z.B. mit einem der vielen Menschen, die zum Jordan geströmt sind, um sich von Johannes taufen zu lassen, wird den KonfirmandInnen die Freiheit gelassen, sich für eine Gestalt aus der Menge zu entscheiden. Vorgegeben ist lediglich die Situation. Der Konfirmand kann sich selber Gedanken zu der Motivation und den Lebensumständen der von ihm gedachten Person machen, zu ihrer Nähe oder Ferne, zu dem jeweiligen Geschehen. Aber mit diesem Gedanken setzt er sich bereits in Beziehung zu der biblischen Geschichte. Er wird wie auch immer in das Geschehen mit hineingenommen.

Insofern wird bei einer solchen Identifikation die eigene Lebenswelt, das eigene Denken, Fühlen, Urteilen und Handeln sehr unmittelbar mit der biblischen Geschichte in Zusammenhang gebracht und mit ihr konfrontiert.

Bevor die KonfirmandInnen als die Personen, mit denen sie sich identifizieren, ins Spiel kommen, bedarf es eines intensiveren Vertrautmachens mit der jeweiligen Gestalt. Im Anschluß an das Gestalten der Personen durch Knetgummi, Ton oder mit Masken kann mit Statuenbauen oder mit Gesten weitergearbeitet werden. Durch diese Vorbereitung wird ein einfaches Nachspiel der biblischen Geschichte vermieden, das (nicht nur bei KonfirmandInnen) in Gefahr ist, zu sehr an der Oberfläche zu bleiben.

Da die Auseinandersetzung mit der biblischen Geschichte über derartige Medien auch eine schöpferische und spielerische Faszination ausübt, ist sie nicht nur eine rationale, sondern geschieht sehr unmittelbar und erlebnisorientiert. Die KonfirmandInnen machen Erfahrungen mit der biblischen Geschichte. In den Gesprächen über das Dargestellte und Gestaltete kann manches von den Inhalten der biblischen Botschaft bewußt werden.

Zwei Beispiele aus der Praxis, die jeweils an einem Sonnabend von 10.00 bis 17.00 Uhr stattgefunden haben, mögen das verdeutlichen.

Die Taufe Jesu (Matth. 3,1-17)

Der äußere Rahmen:

Der Konfirmandentag war von allen in der Gemeinde beteiligten Mitarbeitern gemeinsam geplant und vorbereitet worden. Er wurde in drei Untergruppen in den Räumen des Gemeindehauses durchgeführt. Szenen aus der Arbeit sollten am darauffolgenden Sonntag im Gottesdienst gezeigt werden. Der Tag wurde mit allen

Gruppen gemeinsam begonnen. Die KonfirmandInnen wurden begrüßt. Es wurde ein Spiel gespielt und ein Lied gesungen. Einer der Leiter hat die Geschichte von Johannes dem Täufer und von der Taufe Jesu erklärend erzählt. Danach sind die KonfirmandInnen in ihre Gruppen mit ihrem Leiter gegangen. Sie wurden gebeten, sich zu überlegen, welche Menschen wohl zur Taufe an den Jordan gegangen sind und einen diesen Menschen in Knetgummi zu gestalten.

Eine Figur gestalten

Wir sind also sehr direkt ohne weiteres Gespräch oder eine vorangegangene Imagination in die Arbeit eingestiegen. Der Leiter und die Leiterinnen haben auch jeweils eine Figur, und zwar die des Täufers und die Jesu, gestaltet.

Die Landschaft gestalten

Im Anschluß daran wurde auf einem großen Tisch die Landschaft mit Kreppapier und Pappen von den KonfirmandInnen aufgebaut, der Flußlauf, die Berge und Täler. Die Figuren wurden von ihnen in die Landschaft hineingestellt. Sie teilten einander mit, warum sie ihre Figur gerade an diese oder jene Stelle gestellt oder gesetzt hatten.

Einen Steckbrief schreiben

Danach wurden vorbereitete Steckbriefe (9) und Stifte verteilt. Die KonfirmandInnen wurden gebeten, aufzuschreiben, welchen Namen ihre Figur hat, welches Alter, aus welcher Familie sie kommt, was sie beruflich macht und warum sie zum Jordan gegangen ist, zu dem Ort, an dem Johannes die Menschen tauft. Die Ergebnisse wurden in der Gruppe vorgelesen und besprochen, soweit die KonfirmandInnen sich dazu äußern wollten.

Ein Standbild stellen

Nach einer längeren Mittagspause gingen am Nachmittag die KonfirmandInnen wieder in ihre Gruppen, sahen sich noch einmal die Landschaft mit den Figuren an und wurden nun gebeten, selber die Haltung ihrer jeweiligen Figur einzunehmen und sich einander so zuzuordnen, wie es in dem von ihnen gestaltenen Szenarium zu sehen war. Die KonfirmandInnen erstarrten in dieser Haltung.
Der Leiter/die Leiterin fuhr fort: "Und nun erlebt ihr, wie da einer kommt, der Jesus heißt. Er wird von Johannes getauft. Es ist eine Stimme zu hören: Dies ist mein lieber Sohn. Ein heller Schein kommt vom Himmel. - Wie ändert sich eure Haltung bei diesem Erlebnis? Ich werde jetzt in die Hände klatschen. Da geschieht es: Eine Stimme kommt vom Himmel und ihr geht in die neue Haltung."

Die Haltungsänderungen, die so entstanden, wurden noch einmal wiederholt, um sie in der Erinnerung zu halten. Danach gingen die Gruppen nacheinander (jeweils eine Gruppe für sich) in den Kirchsaal und probten dort die Szene, die so entstanden war, stellten also zunächst ihr Gruppenbild und veränderten ihre Haltung so, wie es im Zusammenhang mit der Taufe Jesu für sie geschehen war. So waren sie vorbereitet, den anderen Gruppen, in der abschließenden Andacht ihre Szene zu zeigen und sie am nächsten Morgen im Gottesdienst zu spielen.

Erfahrung

Beim Verlesen der Steckbriefe wurde deutlich, wie viel die Figuren mit den Konfirmanden selber zu tun hatten. So schrieb ein Junge zu seiner Figur: Der ist ein Dieb und ist zum Jordan gekommen, um sich seine Sünden vergeben zu lassen. Die Leiterin erzählte, daß dieser Junge tatsächlich sehr viel gestohlen und deswegen in seiner Klasse große Schwierigkeiten hatte. - Ein Mädchen erzählte, ihre Eltern seien fortgegangen und sie wäre zum Jordan gekommen, um darum zu bitten, daß Gott ihre Eltern zurückschicken möge. - Auch das Thema "Gesundheit" tauchte des öfteren auf oder der Wunsch, nicht mehr allein zu sein.

Überlegung

Mit solchen Äußerungen, die von den KonfirmandInnen unbewußt gemacht werden, muß sehr behutsam umgegangen werden. Es ist für die Leitenden für den Umgang mit den Jugendlichen notwendig und hilfreich, sie ernst zu nehmen. Es ist aber nicht sinnvoll, die Jugendlichen damit zu konfrontieren, da sie sich in einer Lebensphase befinden, in der sie erst lernen, sich selber als Individuen wahrzunehmen.

Erfahrung

In der Gruppe, in der ich mitgearbeitet hatte, war ein Junge, der nur wenig in die Gesamtgruppe integriert war. Als ich die KonfirmandInnen gebeten hatte, selber in die Haltung ihrer Figuren zu gehen, setzte er sich auf einen Stuhl. Ich fragte ihn: "Was setzt du dich auf den Stuhl? Du sollst doch bitte in die Haltung deiner Figur gehen." - "Wieso?" anwortete er, "Meine Figur sitzt doch da oben nur auf dem Berg und will mal von weitem gucken, was da eigentlich los ist." Und dann kam die Veränderung, nachdem Jesus getauft worden war. Zunächst sprang

der Junge auf, blieb aber danach auf dem Stuhl sitzen und bewegte nur ein wenig den Kopf. Die ganze Gruppe war sich einig, daß das Aufspringen einen sehr viel stärkeren Eindruck gemacht hatte, und er wurde aufgefordert, dabei zu bleiben, und das sollte in der Kirche auch so geschehen.
Die Kanzel war dort aus Beton gestaltet, die Konfirmanden schlugen sofort vor, daß der Junge sich auf die Brüstung setzen und von dort hinunterspringen sollte. Das tat er auch, und das Hauptaugenmerk der Zuschauer ging nun auf ihn, und er, der zunächst eine Randfigur in der Gruppe war, wurde im Zusammenspiel mit dieser Geschichte zur Hauptperson. Sicher könnte dieser Junge das nicht so formulieren, aber er hat erlebt, wie er im Zusammenhang mit der Geschichte von der Taufe beachtet und anerkannt worden ist und nicht mehr abseits stand.
Eine andere Gruppe hatte die Szene für die Kirche etwas anders vorbereitet. Sie stellten sich in einer Reihe auf und standen mit gesenkten Köpfen da. Der Leiter der Gruppe ging mit einem Mikrofon als Reporter umher und fragte die Konfirmanden, woher sie kämen und warum sie an den Jordan gekommen seien. Dabei wurden wieder Hintergründe deutlich, die ganz viel mit dem konkreten Leben der KonfirmandInnen zu tun hatten. Immer wieder wurden Schwächen und Nöte genannt und dann - sehr ernsthaft - vorgetragen: "Ich möchte, daß mir meine Sünden vergeben werden." Als der Leiter das Wort vorlas, das über dem getauften Jesus gesagt wird, geschah nur eine ganz leichte Veränderung in der Gruppe - sie hoben alle den Kopf. Das war nicht verabredet gewesen, wie mir der Leiter hinterher sagte, sondern es geschah als eine spontane gemeinsame Aktion, die einen starken Eindruck hinterließ. Die Taufe bedeutet: Ich kann meinen Kopf heben.

Der Blinde von Jericho (Mark.10,46-52)

In die Geschichte einführen

Zu Beginn wurde von Jesus erzählt, der durch Palästina gewandert ist, der gepredigt und Anderes, Neues von Gott erzählt und Jünger berufen hat, die mit ihm durch das Land gezogen sind und von dem eine gute Kraft ausging, so daß Menschen gesund wurden. Immer mehr Menschen schlossen sich ihm an, sie erlebten vieles auf ihrem Weg mit Jesus, Außergewöhnliches, das zum Nachdenken anregte und das Leben veränderte. So war es bei der Begegnung Jesu mit dem reichen Jüngling oder als die Frauen Kinder zu Jesus brachten, damit er sie segnete. (Die

Geschichten wurden jeweils erzählt.) Die Erzählung endete dort, wo es heißt, daß Jesus nach Jericho kam und eine große Menschenmenge mit ihm zog.

Figuren gestalten

In den Gruppen wurde ähnlich wie in dem vorangegangenen Beispiel weitergearbeitet. Die KonfirmandInnen stellten sich jeweils eine Person aus der Menschenmenge vor, die mit Jesus zog und formte sie aus Knetgummi. Die Leiter gestalteten Jesus und Bartimäus. In die Landschaft, die gebaut wurde, wurde zunächst die Figur Jesu gestellt. Die Konfirmanden ordneten ihre Figuren ihm zu. Erst am Nachmittag wurde die Figur des Bartimäus eingeführt. Wir erzählten, wer er war und wie er zu schreien anfing, als er erfuhr, daß Jesus vorbeizog.

Die Zuordnung verändern

Wir fragten die Konfirmanden: "Wie würde sich wohl die Person, die ihr gestaltet habt, verhalten, wenn sie dieses Schreien hört? Stellt sie in dieser Weise um." Im Anschluß daran: "Wie verhalten sich Menschen normalerweise, wenn sie durch so einen Schrei gestört werden? Stellt wieder das Bild um." Wir erzählten, wie Jesus sich verhalten hatte. Das Bild wurde erneut verändert. Als letztes stellten die Konfirmanden die Szene wie Jesus nach dem Ereignis mit der Menschenmenge weiterzieht.

Erfahrung

Bei dem Gestalten der Figuren wurden die für KonfirmandInnen untereinander ganz neue Begabungen und Fähigkeiten sichtbar. Ein Junge, der sonst in der Gruppe sehr still, zurückhaltend und unauffällig war, knetete einen Landstreicher mit einem Hund an der Leine.

Seine Mitkonfirmanden waren voller Bewunderung und lobten ihn. Einer sagte: "Nun bekommt Sven auch einmal ein Lob." Und das war nicht ironisch gemeint.

Als Grund für das Mitziehen mit Jesus - es waren wieder Steckbriefe ausgefüllt worden - wurde von vielen genannt: Er/sie sucht Freunde. So hatte es auch der Junge formuliert, der den Landstreicher gebaut hatte. Ein anderer, der neben ihm saß und einen Punk gestaltet hatte, schrieb

zu seiner Figur: "Er ist der Freund von dem Landstreicher." Beide Jungen waren vorher nicht miteinander befreundet gewesen. Aber wahrscheinlich hatte es dem, der dieses geschrieben hatte, gefallen, wie der andere Junge den Landstreicher gestaltet hatte.
Nach dem Aufstellen der Figuren in der Landschaft befanden sich die meisten in relativ großer Distanz zu Jesus. Beim Umstellen des ersten Bildes entstand folgende Szene: Jesus stand auf einem Hügel, die anderen Menschen ihm gegenüber am Fuß des Hügels, so, als ob sie ihm zuhörten. Eine Bergpredigtszene war entstanden. Das Schlußbild sah dann so aus, daß der Zug sehr viel enger zusammengerückt war als am Morgen. Die Distanz zur Jesusfigur war kleiner geworden.

Von der biblischen Geschichte in die eigene Lebenswelt

Um die Lebenswelt der Konfirmanden noch stärker einzubeziehen, haben wir im Anschluß an diese Einheit mit einem neuen Medium an einer neuen Fragestellung weitergearbeitet: "Tut euch zu dritt zusammen und stellt euch folgende Situation vor: Die Menschen, die ihr gestaltet habt, ziehen gemeinsam weiter und kommen in eure Gemeinde. Dort ziehen sie durch die Straßen, gehen in die Häuser und sehen, was dort geschieht. Für wen oder was würden sie wohl schreien, so wie Bartimäus geschrien hat? Wir wissen jetzt ja, daß dieses Schreien erlaubt ist und daß Jesus dieses Schreien sehr ernst nimmt. Nun ist es allerdings so, daß dieses Schreien bei uns nur sehr schwer zu hören ist. Bei dem Lärm der Autos geht das Schreien unter. Aber heute machen sich Menschen auch anders bemerkbar, z.B. durch Transparente bei Demonstrationen. Gestaltet in eurer Kleingruppe ein Transparent, auf dem steht, für was diese drei Menschen, die ihr gestaltet habt, schreien würden, wenn sie durch euren Stadtteil gingen."

Erfahrung

Auf den Transparenten, die gestaltet worden waren, wurden sehr konkrete Probleme aus der eigenen Umwelt der Konfirmanden benannt. Am stärksten bewegt hat mich ein Transparent von drei Jungen, auf dem stand: "Weniger Türken", nicht "Türken raus", sondern eben "Weniger Türken". Der Hintergrund für diesen Schrei war, daß die Jugendlichen aus dem Hamburger Stadtteil Altona sich durch Banden, in denen sich türkische Jugendliche zusammengeschlossen hatten, tyrannisiert und

bedroht fühlten. Die Jugendlichen konnten dabei durchaus differenzieren, so war einer von ihnen in einer Klasse, zu der außer zwei Deutschen nur Türken gehörten, und von den Türken in seiner Klasse sprach er sehr positiv.
Wir Erwachsenen versuchten in der üblichen Weise zu argumentieren, Verständnis zu wecken für die türkischen Jugendlichen und Klischeevorstellungen abzubauen. Aber das nützte nichts. Sie klagten weiter und sagten, wie schwer es für sie wäre, damit zu leben: "Die Erwachsenen wissen gar nicht, was dort geschieht. Wir sehen es, aber unsere Eltern glauben uns nicht, wenn wir nach Hause kommen und davon erzählen." Das Verhalten erinnerte an das des Bartimäus. Sie hörten nicht auf, sich bemerkbar zu machen, bis wir endlich hinhörten und sie mit ihren Problemen ernstnahmen.

Eigene Vorstellungen erweitern mit Hilfe unterschiedlicher biblischer Texte

Das Thema "Leiden und Passion" anhand der sieben Worte Jesu am Kreuz

Überlegung
Zu einem Thema gibt es eine Fülle biblischen Textmaterials. Um der Vielschichtigkeit des Themas gerecht zu werden, soll eine breite Palette den textlichen Ausgangspunkt bilden. Mit dieser Vielgestalt unterschiedlicher Bezugspunkte soll den Jugendlichen die Möglichkeit gegeben werden, eigene Bilder zu entdecken und eigene Klärungen zu entwickeln. Auch in diesem Modell geht es darum, die Fragestellungen und Inhalte biblischer Texte mit der Lebenswelt der Jugendlichen in Verbindung zu bringen. Das besondere ist hier, daß ein Thema nahelegt, verschiedene Bibelworte gleichzeitig zu berücksichtigen. Solches Vorgehen kann bei einer Reihe von verschiedenen Themen sinnvoll sein (z.B. auch beim Thema "Liebe und Freundschaft"). In unserem Beispielprojekt geht es um das Thema "Leiden und Passion".

"Leiden und Passion" ist ein Thema, um das man sich gerne drückt. Aber es ist eine Frage für die Jugendlichen; und es ist ein zentrales theologisches Thema. Fritz Krotz zeigt in seinem Buch "... für uns gestorben? Zugänge zur Geschichte von der Passion Jesu", wie die Passionsgeschichte in unterschiedlichen Situationen unterschiedlich unterrichtet wurde. In jedem Falle bekommt man es bei der Passionsgeschichte mit einem schwierigen, grundsätzlichen Problem zu tun, nämlich das Kreuz Christi als Zuwendung Gottes in unser Leid hinein verständlich zu machen. Es verhält sich mit diesem Problem merkwürdig:" Man kann es theologisch nur lösen, wenn man es praktisch lösen kann ..." (10).

Unzählige Bilder des Leids strömen auf uns ein. Fast gewöhnen wir uns daran. Zugleich wird es schwerer, eigenes Leid anzunehmen und eigenen Fragen nach dem Leiden Raum zu geben.

Welche Schritte machen es möglich,

- sich über Momente des eigenen Verhältnisses zum Leiden zu verständigen - sich also in dieser Frage füreinander zu öffnen;
- und sich der Frage zuzuwenden, welche Beziehung Gott für uns zum Leiden hat?

Die Arbeit daran ist gedacht für einen ganzen Tag. Die hierfür entwickelten Schritte sind auch für eineinhalbstündige Einheiten geeignet.

Ausgangspunkt: Dialog

In den verschiedenen Texten der *Passionsgeschicht*e kommen unterschiedliche Einstellungen zu Leid bzw. zum Geschehen der Passion zum Ausdruck: Die vier Evangelien mit ihren verschiedenen Akzenten bzw. die unterschiedlichen Charaktere der sieben Jesus zugewiesenen Worte am Kreuz zeigen dies. Diese Vielfalt wollen wir nutzen und nicht durch einen vorgegebenen Bedeutungsrahmen beschneiden.

Bei den *KonfirmandInnen* selbst gibt es ebenfalls eine Vielfalt von Erfahrungen, Eindrücken, Bilder von Leid und möglicherweise verborgene Fragen zum Thema "Gott und das Leid". Auch diese Vielfalt gilt es zu nutzen und fruchtbar zu machen.

Beides wollen wir in ein *Gespräch* miteinander bringen - die sprachlichen Bilder der Passionsgeschichte(n) und die gedanklichen Bilder der KonfirmandInnen.

Diese Auseinandersetzung eigener Bilder im Dialog mit denen der Passionsgeschichte sollte so geschehen, daß der *ganze Mensch* beteiligt sein kann. So suchten wir nach einem Weg, Elemente der Passionsgeschichte und die eigenen Bilder umzusetzen in die Sprache des Körperausdrucks. Herausgekommen sind dabei die vier Schritte, die hier geschildert werden.

Wir haben uns für folgende Texte entschieden:

Markus 15,34 / Matthäus 27,46

Eli, Eli, lama asab thani?

Das heißt übersetzt:

Mein Gott, mein Gott, warum hast du mich verlassen?

Johannes 19,30

Als Jesus nun den Essig genommen hatte, sprach er:

Es ist vollbracht.

Johannes 19,28b

Mich dürstet.

Lukas 23,46

Vater in deine Hände befehle ich meinen Geist!

Lukas 23,34

Vater; vergib ihnen;

denn sie wissen nicht, was sie tun.

Johannes 19,26f.

Als nun Jesus die Mutter sah und neben ihr den Jünger stehen, den er liebhatte, sagt er zur Mutter:

Weib, siehe dein Sohn!

Hierauf sagt er zum Jünger:

Siehe deine Mutter!

Lukas 23,43

Und er sprach zu ihm: **Wahrlich ich sage dir: Heute wirst du mit mir im Paradies sein.**

Die sieben Jesus zugewiesenen Worte am Kreuz spiegeln in den Passionsgeschichten den tiefsten Punkt des Leidens in der Kreuzigung. Sie drücken unterschiedliche Haltungen zu Leiden und Passion aus. Den KonfirmandInnen lassen sie Raum für unterschiedliche Einstellungen, Erfahrungen und Bilder; sie können direkt ins Thema führen und sind zugleich - als etwas Vorgegebenes, das nicht aus einem selbst geboren werden muß - Schutz vor einer zu direkten Anforderung und Hilfe zur Artikulation. Das ist besonders in der Arbeit mit KonfirmandInnen wichtig.

Vier Schritte

1. Hinführung

Einstimmung durch Lieder

Warm up mit lebenden Bildern:

- sich bewegen bzw. Verzauberungsfangen
- bewußt stehen
- sich in einer Haltung ausdrücken (11).

Am einfachsten ist die Aufgabe, selbst eine bestimmte Haltung mit dem ganzen Körper einzunehmen (schwieriger ist das gegenseitige Statuenbauen). Dies sollte spielerisch mit Stichworten vorbereitet werden, die einen leichten Zugang zu dieser Übung ermöglichen (froh, traurig, blind, sehend, Nacht, Morgen). In einer kleinen Präsentation werden die mit dem eigenen Körper gestalteten Haltungen vor allen gezeigt. Dieses ist zunächst eine mehr gestalterische Vorbereitung.

Für die inhaltliche Vorbereitung folgt ein thematisches Stichwort, zu dem sich die Teilnehmer eine Haltung suchen. Zunächst einzeln, dann in Zweier- bzw. Dreiergruppen. "Gestaltet Eure Haltung so, daß darin etwas ausgedrückt wird von 'Verlassensein' ..." So bekommen die KonfirmandInnen Übung im Statuenbauen, mit dem sie in der kleinen Gruppe später weiterarbeiten sollen.

Lesung aus der Passionsgeschichte - die Kreuzigung nach Markus 15, Vers 22-39.

2. Bilder entdecken

Arbeit mit Bildern zu den sieben Worten Jesu am Kreuz

Gestalten

Alle KonfirmandInnen erhalten ein Blatt mit den sieben Worten Jesu am Kreuz; sie werden vorgestellt als im Neuen Testament selbst vorkommende unterschiedliche Weisen der Interpretation des Leidens in der Passion. Die KonfirmandInnen wählen sich aus den vorliegenden Texten ein einzelnes Wort, das sie im Moment besonders anspricht, anrührt oder ärgert (z.B. Durst, Paradies, Geist, Himmel ...). Es folgt eine Phase der Besinnung, in der es darum geht, dieses Wort mit seiner Aussagekraft auf sich selbst wirken zu lassen. Die Gestaltungsaufgabe besteht dann darin, dieses Wort so zu malen, daß das eigene Verständnis davon im Bild zum Ausdruck kommt und dieses Wort selbst im Bild auftaucht und erkennbar ist.

Auslegen

Die Worte werden noch einmal vorgelesen und jede/r, der/die ein Bild gemalt hat, legt seines/ihres dazu. Miteinander wird am Ende wahrgenommen, was sichtbar wird: welche Worte kommen häufig vor, welche gar nicht? Was geht uns durch den Sinn, wenn wir uns das ganze ansehen? Welchen Charakter hat das Gezeigte?

Verändern

Die Bilder werden nun in einem zweiten Durchgang nicht mehr unter dem Gesichtspunkt der textlichen Zusammengehörigkeit ausgelegt, sondern unter dem Gesichtspunkt, welche der Bilder nach Ausdrucksart bzw. Darstellungsweise zusammengehören können. Eine/r fängt an, legt sein/ihr Bild auf den Boden. Welches Bild paßt nun dazu? Auf diese Weise entsteht ein Bildteppich.

Variante:

Alle legen gleichzeitig ihr Bild auf den Boden; miteinander wird überlegt, welche Bilder nach Gestaltung und Ausdrucksart zusammenpassen. Auf diese Weise entstehen neue Bildverbindungen, Gedankenlinien, Assoziationen. Es wird am Ende die Zusammenstellung festgehalten, mit der jede/r der TeilnehmerInnen einverstanden ist. Ziel ist eine Kleingruppenbildung. Die entstandenen Bildgruppierungen sind dafür eine gute Basis.

Erfahrung

Aus den sieben Worten Jesu am Kreuz wurde in der KonfirmandInnengruppe eine Vielzahl verschiedener Stichworte für die Bildgestaltung gewählt: Durst, Vergib, Paradies, Mutter, vollbracht, Geist, Hände...

Das zeigt meines Erachtens, wie wichtig der gewählte - offene - Einstieg für das eigene Hineinfinden der Teilnehmenden in das Thema ist. In der malerischen Gestaltung hielten sich die KonfirmandInnen eher an konkrete Beispiele; das erleichterte ihnen nach dem Gedankenaustausch in den Kleingruppen eine Umsetzung in Körperhaltungen, die mit ihren Alltagssituationen oder für sie interessanten Grenzsituationen zu tun hatten.

3. Mit dem Körper gestalten

Die kleinen Gruppen haben die Aufgabe:

- die Bilder ansehen,
- ein gemeinsames Thema finden,
- das Thema benennen
- den Bildern eine gemeinsame Überschrift geben.

Dafür sollte bei Gruppen von drei bis vier KonfirmandInnen ca. 15 Minuten Zeit zur Verfügung stehen. Im Anschluß kommt es zu einem kurzen Austausch im Plenum über die Überschriften, auf die sich die Kleingruppen geeinigt haben. Diese bilden das Arbeitsthema der Gruppen.

In der Kleingruppe soll ein lebendiges Bild gebaut werden zum Thema "Haltung im Leid". Jeder kann seine/ihre individuelle Note einbringen; dadurch ergeben sich verschiedene aufeinander bezogene Einzelhaltungen. Oder es entsteht aus dem Gespräch in der kleinen Gruppe ein gemeinsames Standbild, Zeit ca. 15 Minuten. Ziel ist eine Gruppenstatue / ein Bild der Körperhaltungen.

Zur Sprache bringen

Die Kleingruppen zeigen ihre Körperbilder "Haltung im Leid" . Dies kann mit folgendem Aufbau geschehen: Die Gruppe, die ihr Körperbild zeigt, baut sich auf und bleibt in der von ihr entwickelten Haltung stehen. Die KonfirmandInnen werden immer wieder darauf hingewiesen, daß die Ausdruckskraft ihres

Körperbildes daran hängt, daß sie wirklich in eine fixierte, erstarrte Haltung hineingehen. Auch die Augen suchen sich einen Punkt, auf den hin sie sich orientieren. So entsteht Klarheit im Ausdruck.
Wenn die Statuengruppe sich aufgebaut hat, haben die Betrachter das Wort. Wie läßt sich beschreiben, was hier zu sehen ist? Woran erinnert es? Was könnte das bedeuten?

Schließlich können die SpielerInnen der Statue selbst etwas zu dem sagen, was sie bewegt und was für sie in ihrer Haltung ausgedrückt ist.

Hinweis
Bei den Rückmeldungen geht es nicht darum, ob etwas richtig oder falsch, gut oder schlecht dargestellt ist, es geht um den Ausdruck und seine Verständlichkeit. Es wird mit den KonfirmandInnen deshalb von vornherein abgemacht, daß es kein Verlachen gibt. Es sollen keine Wertungen vorgenommen werden. Die Betrachter können und sollen das zum Ausdruck bringen, was sie wahrnehmen. In einem ersten Schritt sollten sie - möglichst ohne zu deuten - nur beschreiben, was sie an Haltung, Ausdruck, Beziehungen sehen. Erst in einem zweiten Schritt äußern sie sich zu dem, was das Gezeigte in ihnen auslöst. So kann sich ein "Dialog ohne Machtgefälle" entwickeln zwischen denen, die etwas von sich zeigen und denen, die dieses betrachten. Diese Spielregel ist notwendig, um vor Verletzungen zu schützen. Sie ist wichtig, um den sorgfältigen Umgang miteinander zu bewahren. Sie ist hilfreich, um Unterscheidungen und Klarheit in den eigenen Wahrnehmungen zu ermöglichen.

4. In Bewegung kommen

Nach der Vorstellung und dem Gedankenaustausch zu den Statuen der Kleingruppen zum Thema "Haltungen im Leid" folgt nun eine Weiterführung dieser Bilder in einem tieferen Kontext.

Thema dieses Schrittes: "Wie steht *Gott* zu den Leidenden?"

- Eine Gruppe stellt sich nochmals zum Thema: "Haltungen im Leid"
- Eine zweite Gruppe sieht sich das an mit der Frage: "Wie steht Gott zu den Leidenden?"

Ein Gruppenmitglied beginnt dann, sich zu einer Person der darstellenden Gruppe in einer Haltung zu stellen, die seinem Verständnis entspricht. Alle Mitglieder der zweiten Gruppe gehen so nacheinander und für alle deutlich sichtbar auf ein Mitglied der ersten Gruppe zu und bringen ihren Impuls ein zur Frage: "Wie steht Gott zu (diesen) Leidenden?"

- Die Mitglieder der ersten Spielgruppe können nun darauf reagieren. Es entsteht solange eine Bewegung (... Gottes Nähe zu den Leidenden kann etwas in Bewegung setzen...), bis dieser "bewegte Dialog" der Beteiligten zu einer Klärung kommt und erstarrt. Am Ende dieser Interaktion ist ein Beziehungsbild entstanden.
- Wenn die "Beziehungen stehen", beschreiben die übrigen TeilnehmerInnen zunächst, was sie gesehen haben und bringen dann zum Ausdruck, wie sie es für sich verstanden haben. Schließlich äußern sich die Mitglieder der Spielgruppe zu ihren Haltungen, zu den entstandenen Veränderungen und zu dem, was sie darin für sich wahrnehmen. Am Ende lösen alle beteiligten SpielerInnen ihre Haltung auf.
- Diese Einheit kann dann geschlossen werden mit einer Gesprächsrunde zum Thema "Habt Ihr schon mal erlebt, daß sich so jemand zu einem Leidenden gestellt hat?", "Kennt Ihr Ähnliches?" Wo *denke* ich die Beziehung "Gott und Leid" so, wie sie eben in den Haltungen zu sehen war? (An dieser Stelle können auch noch einmal ganz andere Vorstellungen zur Beziehung von Gott und Leid als ein lebendes Bild gestellt und besprochen werden).

- Auch schriftlich kann festgehalten werden: Was ist mir aufgefallen? Was ist mir wichtig gewesen? Und dies kann in ein Gespräch eingebracht im anschließenden Plenum werden.

Erfahrung
In einer Kleingruppe mit Bildern zu den Stichworten "Mutter" und "Hände" entstand als gemeinsames lebendes Bild eine Gruppenstatue zum Thema: "Behütet". Satz der Mutter zu ihrer Haltung im Bild: "Ich habe Angst um mein Kind"; Satz des Behüteten zu seiner Haltung: "Ich möchte beschützt werden von einer Hand". In einer anderen Kleingruppe wurde das Stichwort "Verlassen" zum Kristallisationspunkt. Es entstanden vier verschiedene Haltungen in einem Bild zum Thema "Verzweifelt sein". Bedeutende Sätze waren: "Ich muß so viel tun, ich weiß nicht, wie ich es schaffen soll ..." und "Ich bin verzweifelt, weil sie mich verläßt ..."
Hier entsteht - ohne daß es aufgesetzt ist - in der Auseinandersetzung mit den Kreuzesworten Christi durch die Gestaltungsaufgabe für die KonfirmandInnen eine innere Beziehung zu eigenen kleinen und großen Leiderfahrungen.
In der Vertiefung der Frage "Wie steht Gott zu den Leidenden?" entstanden ganz neue Bilder. Mein Eindruck: Die Jugendlichen spielten kaum einfache klischeehafte Lösungen. Es wurde zum Beispiel das Bild "Behütet" so verändert, daß sowohl der Behütete wie auch die Mutter auf einen eigenen Weg gestellt wurden, von einander getrennt, aber jeweils mit einem eigenen Begleiter. Im Bild "Verzweifelt" stellen sich Gruppenmitglieder zu den Verzweifelten, nehmen wahr, sind schweigend nahe, stützen, halten. Und dem Mädchen, daß nicht weiß, wie sie es schaffen soll, wird von einer anderen Teilnehmerin die Hand gehalten - für einen Moment geschieht hier etwas wie "Innehalten". Auf dem Boden sitzend sprechen die Jugendlichen dann darüber, wo sie so etwas oder ähnliches erlebt oder gesehen haben und wie sie sich anhand der gezeigten Körperbilder die Beziehung Gottes zu Leidenden vorstellen. Sie sprechen oft von anderen Menschen, von Situationen, in denen sie nicht hautnah selbst vorkommen. Aber sie erzählen von ihren Eindrücken, die die Wahrnehmung des Leidens anderer bei ihnen hinterlassen hat. Und sie erzählen von den Fragen, den Phantasien, den Hoffnungen, wie der, den wir Gott nennen, in diesem Leid gegenwärtig sein und über das Leid hinausführen könnte.
Die Jugendlichen schützen sich, indem sie über andere sprechen. Das muß zugelassen werden und Raum bekommen. Daran arbeiten sie ihre Probleme und Einstellungen auf. Das gilt es wahrzunehmen. Sie

kommen durch diesen Ansatz sehr schnell zu ihren eigenen Erfahrungen. In ihrem Gespräch nach dem Spiel setzen sie sich stark mit konkreten eigenen Alltagserfahrungen auseinander. Immer wieder kommen sie auf Überlegungen zur grundsätzlichen Frage: "Welche Beziehung hat Gott für uns zu (unseren) Leiderfahrungen".

Zur zeitlichen Struktur

Die hier vorgestellten vier Schritte in der Arbeit zu den sieben Worten Jesu am Kreuz sind ein Weg, "Leiden und Passion" in der Konfirmandenarbeit zu thematisieren. Der Zeitbedarf dafür ist nicht gering: Man sollte zwei lange Nachmittage oder einen Konfirmandentag ansetzen. Bei wöchentlichem Stundenrhythmus können die vier Schritte in jeweils einen Schritt pro Einheit aufgeteilt werden. Das bedeutet aber eine sehr große zeitliche Dehnung und die Verbindung der einzelnen Schritte muß jeweils neu hergestellt werden. Ist mehr Zeit vorhanden - etwa auf einer Freizeit - lassen sich die hier geschilderten Schritte gut mit anderen Elementen verbinden. Voraussetzung ist, daß in der Gruppe eine Arbeitsatmosphäre geschaffen ist, in der Spiel und Einsatz des Körpers vorkommen können und der Umgang mit gestalterischen Elementen nicht ganz ungewohnt ist.

Einen Text durch gestalterisches Arbeiten erschließen

Orte und Spuren der Versuchungsgeschichte

Überlegung

Ein weiterer Ansatz ist es, gestalterisches Arbeiten in den Mittelpunkt zu stellen. Auch aus der kulturpädagogischen Praxis wissen wir, welche Dimensionen gestalterisches Tun haben kann: nämlich zum *ersten Schritt in ein Thema* hinein und zum *Thema selbst* zu werden (12). Dann ist gestalterisches Tun *geistige Auseinandersetzung auf anderem Wege.* Das Gestaltete steht für sich selbst, wird zur Aussage und stiftet Gesprächsanlässe. Es ist ein Weg, bei dem ein nicht-sprachlicher Verarbeitungsprozeß initiiert wird und manuelle Möglichkeiten und experimentelle Lust gefordert sind. Dabei geschieht vielmehr als nur eine Art "handwerkliche Abwechslung" (13). Es geschieht ein Ausdruck des Inneren an einen Gegenstand bzw. durch das gegenständliche Tun eine Öffnung des Inneren.

Voraussetzung ist:

- o Zeit und Atmosphäre, das *Material* selbst ernstzunehmen als Ausgangspunkt der Gestaltung und prägendes Gegenüber;
- o Zeit und Atmosphäre, die *Gestaltung* selbst ernstzunehmen - als Entdeckung der Langsamkeit, des Dialogs von Intuition, Gedanken und dem Tun der Hände.

"Mit Herzen, Mund und Händen" - dieses Leitmotiv aktueller Konfirmandenarbeit, das auf der Verbindung von Erleben, Verstehen und Handeln aufbaut, wird hier versuchsweise umgedreht: mit Händen, Herz und Mund.

Für die Konfirmandenarbeit wird eine Vielfalt von möglichen Methoden und Arbeitsformen dokumentiert (14). Gestalterisches Arbeiten wird dabei in der Regel als abschließender Schritt in einer langen Reihe inhaltlich vorlaufender Erarbeitungsphasen eingeführt. Es wird oft als eine Art Ergebnisvertiefung bzw. Veranschaulichung gesehen. Darum geht es hier nicht. Die Gestaltungsarbeit selbst wird zum ersten Schritt ins Thema bzw. zum Thema selbst.

Hinführung

Zum Einstieg in diesen Ansatz helfen zwei einfache Übungen:

- eine Übung zur Wahrnehmung der Hände (Handmassage),
- eine Übung, in der gestalterisches Tun zur thematischen Aussage führt (Zwei-Farben-Malen zur Musik).

Die Handmassage

Sie kann jede/r an sich selbst vollziehen oder in einer Partnerübung machen. Dazu gehören: reiben, streichen und massieren der Handmitte; ausstreichen der Finger von der Handwurzel aus, angefangen bei der rechten Hand. Bei KonfirmandInnen sollte es bei einem eigenen Tun von jeder/m einzelnen bleiben. Die Handmassage kann damit schließen, daß die Hände ineinander gerieben werden, bis sie warm sind, mit den warmen Händen wird die Stirn nach rechts und links ausgestrichen, die Hände werden auf die Augen gelegt, um die Wärme zwischen Händen und Augen zu spüren; anschließend werden die Hände von den Augen genommen und die Augen sanft geöffnet.

Zwei-Farben-Malen zur Musik:

Bei dieser Übung geht es darum, spielerisch in eine Bewegung zu kommen, in der das gestalterische Tun Ausgangspunkt und Thema ist. Aus Farbstift-Kästen wählt jede/r zwei Farben aus und nimmt sie zu ihrem/seinem Platz mit einem großen Bogen Papier (mindestens Din A3). Eine Farbe wird nun gewählt, und zur Musik wird der Stift mit geschlossenen Augen geführt. Für dieses von Musik und eigener Bewegungslust gesteuerte Malen mit geschlossenen Augen sollte ca. fünf Minuten Zeit sein. Wenn die

Musik verklingt, werden die Augen geöffnet. Nun wird die zweite Farbe in die entstandenen Strukturen eingetragen. Dies geschieht mit geöffneten Augen - also bewußt - zu einem thematischen Stichwort. Das Stichwort der Übung hier heißt "Versuchung". Auch dafür sollten fünf Minuten Zeit sein.

> *Hinweis*:
> Die Musik sollte bei dieser Übung verschiedene Ebenen anbieten - was Rhythmus und Melodie betrifft - und wie ein Klangteppich sein, auf dem eigene Bewegungen leicht entstehen können. Geeignet sind gute Film - bzw. Theatermusiken, die sich selbst zurücknehmen (15).

Es schließt ein *Gespräch* zu zweit an über die entstandenen Gestaltungen. Von den beiden PartnerInnen legt eine/r das eigene Bild vor und hört zunächst, was der Partner bzw. die Partnerin dazu äußert.

- Was ist interessant?
- Was sagt das zum Thema?
- Woran erinnert mich das?
- Anschließend äußert sich der Maler bzw. die Malerin zum eigenen Bild.
- Wechsel der Rollen.

Es folgt abschließend eine kurze *Runde* mit der Gelegenheit, das Ungewohnte an diesem Einstieg und mögliche anfängliche Irritationen anzusprechen. Die "Ergebnisse" sind am Ende sicher eine Ermutigung, sich weiter auf einen solchen Weg einzulassen, bei dem es darum geht, sich ganz von der Gestaltung her einem Inhalt zu nähern.

Orte und Spuren der Versuchungsgeschichte

Die Gesprächspaare bleiben noch für eine Zeit beisammen. Der Text der Versuchungsgeschichte wird von allen gemeinsam gelesen. Je zu zweit gilt es, Überschriften für die drei Versuchungen zu finden. Es sollten Sätze sein, die auch aufgeschrieben und festgehalten werden.

Matthäus 4, 1-11: "Da ward Jesus vom Geist in die Wüste geführt, auf daß er von dem Teufel versucht würde. Und da er vierzig Tage und vierzig Nächte gefastet hatte, hungerte ihn. Und der Versucher trat zu ihm und sprach: Bist du Gottes Sohn, so sprich, daß diese Steine Brot werden. Und er antwortete und sprach: Es steht geschrieben: 'Der Mensch lebt nicht vom Brot allein, sondern von einem jeglichen Wort, das durch den Mund Gottes geht.' Da führte ihn der Teufel mit sich in die heilige Stadt und stellte ihn auf die Zinne des Tempels und sprach zu ihm: Bist du Gottes Sohn, so wirf dich hinab; denn es steht geschrieben: 'Er wird seinen Engeln über dir Befehl tun, und sie werden dich auf den Händen tragen, auf daß du deinen Fuß nicht an einen Stein stoßest.' Da sprach Jesus zu ihm: Wiederum steht auch geschrieben: 'Du sollst Gott, deinen Herrn, nicht versuchen.' Wiederum führte ihn der Teufel mit sich auf einen sehr hohen Berg und zeigte ihm alle Reiche der Welt und ihre Herrlichkeit und sprach zu ihm: Das alles will ich dir geben, so du niederfällst und mich anbetest. Da sprach Jesus zu ihm: Hebe dich weg von mir, Satan! denn es steht geschrieben: 'Du sollst anbeten Gott, deinen Herrn, und ihm allein dienen.' Da verließ ihn der Teufel. Und siehe, da traten die Engel zu ihm und dienten ihm."

Überlegung

Bereits bei diesem Punkt gäbe es eine Fülle von direkten Gestaltungswegen. Aus den entwickelten Überschriften ließen sich Motive gestalten zu einem Hungertuch, eine Collage anfertigen, Gipsabdrücke machen etc. (16). Dann aber bekäme die gedankliche Klärung durch die Überschriften die Funktion eines inhaltlichen Hauptgewichts. Diese Funktion soll der Schritt gerade nicht haben, sondern ein erstes Kennenlernen der Geschichte und gedankliches Sortieren ermöglichen. Der *inhaltliche Zugang* wird schwerpunktmäßig erst in den folgenden Schritten entwickelt.

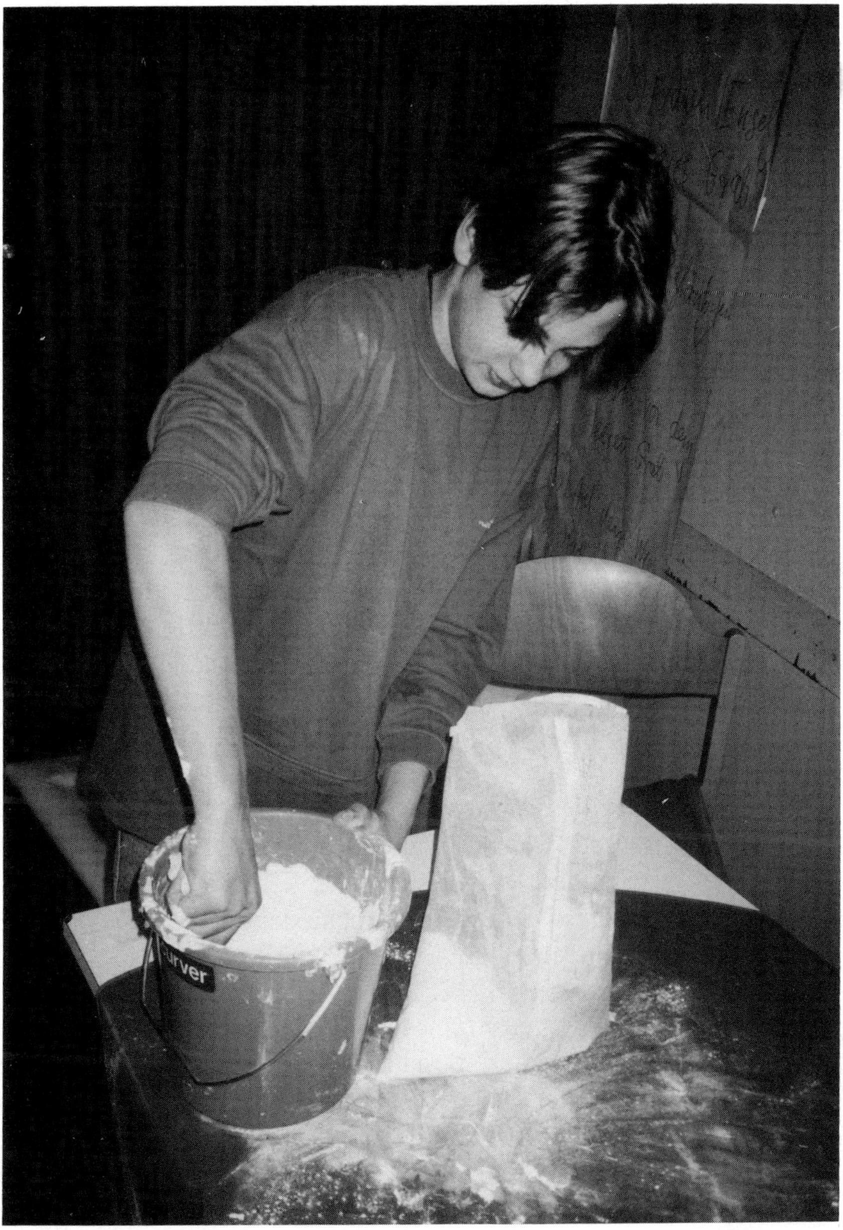
urver

Gestaltung eines Ortes und einer Spur

Jede/r überlegt allein für sich

- welcher *Ort* der drei Versuchungen für sie/ihn im Moment am interessantesten ist.
- Jede/r soll sich für einen Ort entscheiden: Wüste, Tempel, Berg. Diese drei Orte sind in der Geschichte Schauplatz spezieller Versuchungen, die in der Überschriften-Findung schon mit eigenen Worten charakterisiert wurden. Jetzt werden die Orte selbst zum Thema (17). Mit einer Partnerin bzw. einem Partner, die/der den gleichen Ort gewählt hat, wird der eigene Ort nun gestaltet.

Grundregel für die Gestaltung des Ortes

- Damit jeder zum Zug kommt, erfolgt die Gestaltung möglichst zu zweit - sofern dies möglich ist; ggf. auch in Einzelarbeit, nicht aber in Gruppenarbeit zu viert usw.; so soll die Umsetzung eigener Impulse gewährleistet werden.
- Gestaltung mit einem reduzierten Materialangebot: Nicht alles und jedes soll zur Gestaltung des Ortes herangezogen werden können. Vorgegeben wird ein bewußt beschränktes Arsenal an Möglichkeiten: Drahtgeflecht (Kaninchendraht) - es ist strukturiert und hart; Tücher - sie sind fließend und weich. Von diesem Materialangebot muß viel vorhanden sein, stattliche Drahtrollen und eine Vielzahl von Tüchern in verschiedenen Größen, aus der sich etwas machen läßt.

Reduktion als Prinzip

Eine Reduktion des Materials ist meistens sinnvoll. Gerade sie eröffnet Phantasie und neue erweiterte Gestaltungsmöglichkeiten. Das ist eine grundsätzliche Erfahrung, besonders in der Arbeit mit Jugendlichen im KonfirmandInnenalter. Diese Reduktion ruft zunächst oft Verwunderung hervor: "Es wäre alles viel einfacher, wenn mehr und besseres Material zur Verfügung stünde ... " So oder ähnlich können Reaktionen sein. Aber was nützt es, Jugendlichen alle Möglichkeiten offen zu lassen: Baut irgendwas, irgendwie ... Das hindert Phantasie. Bilder und eigene Gestaltungsphantasien und Möglichkeiten entstehen an einer Vorgabe (hier: Ort) mit einer dann dazu begrenzten Materialmöglichkeit (hier: Draht und Tuch). Selbstverständlich lassen sich auch andere Materialien einsetzen: Stein und Papier, Licht und Seil etc., je nach möglicher Verbindung zum Thema. Wichtig ist, daß in der Reduktion des Materials ein *Gegensatz* angelegt wird, durch dessen Spannung *Gestaltungsräume* eröffnet werden: wie hier zwischen strukturiert-hartem und fließend-weichem Material.

Eine Spur der Geschichte

Wenn die Orte in Partnerarbeit gestaltet sind, verabschieden sich die Teams voneinander. Einzeln ist ein Arbeitsplatz einzurichten (Brett, Wasser, Papierrolle etc.). Es geht jetzt darum, mit einem großen Stück Ton eine Spur zu gestalten, eine Spur der Geschichte, die hier stattfand, eine Spur der "Versuchung", die später in den Ort eingetragen werden soll. Dafür erhält jede/r ein Stück Ton. Am eigenen Arbeitsplatz wird der Ton weichgeschlagen und geknetet. Während dies geschieht, werden Hinweise gegeben zu verschiedenen technischen Möglichkeiten, die in der Arbeit mit Ton zur Verfügung stehen: Aufbautechnik - Plattentechnik - Hohltechnik - Gerüsttechnik. Während der Ton weich und gestaltungsfähig wird, wird schließlich die Aufgabe nochmals in Erinnerung gebracht: eine *Spur* zu gestalten zu dem, was zwischen dem Versucher und Jesus an diesem Ort geschah. Jede/r arbeitet daran alleine für sich. Die Zeit, in der der Ton weich gemacht wird, ist eine gute Möglichkeit, die Augen zu schließen und innere Bilder entstehen und Ideen kommen zu lassen.

Hinweis
Es ist wichtig, die Tonarbeit klar und gezielt einzuführen. Wichtig sind kurze technische Hinweise, wichtig vor allem aber die Aufforderung, die Augen während des Weichknetens zu schließen. Dadurch entsteht eine intensivere

> Beziehung zum Material und ein anderer, ein innerer Raum wird zur Quelle dessen, was zur Gestaltung kommt.

Für eine Zeit von etwa 15 bis 20 Minuten arbeitet jede/r einzeln mit geschlossenen Augen am eigenen Tonstück: vom Schlagen / Weichkneten bis hin zur Spurengestaltung. Es ist eine Arbeit, bei der die Hände und ihr Gestalten des Materials den Prozeß lenken. Wenn die Grundform auf diese Weise mit geschlossenen Augen gestaltet ist (ca. 15 bis 20 Minuten), können für den Abschluß der Feinarbeit die Augen wieder geöffnet werden.

Es ist ein entscheidender Vorteil dieser zwei Phasen während der Arbeit mit geschlossenen und offenen Augen: Es entsteht eine Art *Entgrenzung*. Ich als Gestaltender bin nicht wirklich voll verantwortlich mit meinem Können bzw. Nicht-Können für die entstandene Gestaltung (ich hatte ja geschlossene Augen). Dieses Moment ist für KonfirmandInnen sehr hilfreich. Am Ende kann ich Feinheiten des Objekts mit geöffneten Augen zu Ende bringen. So ist es möglich, schließlich doch als der Schöpfer des Objekts Verantwortung dafür zu übernehmen.

Die entstandenen Spuren werden schließlich versuchsweise in einen Ort gestellt. Wo, wie, mit welchen Impulsen? Für die Klärung der Fragen muß für jede/n Einzelne/n genügend Zeit sein.

Runde zum Wahrnehmen und Entdecken

Wenn die Spuren fertig gebaut sind, werden sie in ihre Orte gestellt. Es folgt eine Runde zum Wahrnehmen und Entdecken. Die Reihenfolge ergibt sich leicht aus der Reihenfolge der Geschichte: Wüste - Tempel - Berg.

In einer ersten Phase

werden die Installationen beschrieben, betrachtet und das eigene Verständnis davon geäußert. Die Akteure hören während dieser Phase zu.

In einer zweiten Phase

äußern sie sich zu ihren eigenen Installationen: welche Idee sich in der Gestaltung ausdrückt und welchen Sinn sie dem geben.

Eine Skulptur entwickeln

Mit der Gestaltung eines *Ortes* und einer *Spur,* die in diesen Ort gestellt wurde, ist im Prinzip schon eine gestalterische Auslegung geschehen. Wir gehen aber noch einen Schritt weiter. Dieser Schritt besteht darin, zu einem Zentralpunkt dieser Geschichte - angesichts des Ortes und der Spur - eine *Skulptur* zu bauen. In der Geschichte ist ein klarer Wendepunkt markiert; er ist enthalten in den Worten Jesu: "Hebe dich weg von mir!" (Matth. 4,10). In diesen Worten sind Widerstand und Entscheidung das Thema. Entscheidung an einer Grenze, Widerstand gegen die Versuchung, gegen ein Zerrbild von Lebensmöglichkeiten, gegen einen Irrweg von Fülle und Erfüllung. Dieses "Hebe dich weg von mir!" wird deshalb im folgenden zum Ausgangspunkt für die Entwicklung einer eigenen Skulptur.

Hinführung

Es geht in diesem Textimpuls um Widerstand. So bietet es sich an, eine der folgenden Hinführungen zu diesem Thema als Einstieg zu wählen:

- sich Rücken an Rücken stellen - unter der Frage: Wieviel Widerstand ist nötig, um gemeinsam zu gehen?
- Ein Gegen-Kräfte-Spiel, in dem Rücken an Rücken einer den anderen wegzuschieben versucht.
- Aus diesem Spiel heraus, kann auch ein Tanz entwickelt werden, wobei es wichtig bleibt, daß der Widerstand nicht nachläßt.

Diese Übungen haben den Vorteil, daß sie im Spielerischen bleiben und zugleich das Thema Widerstand erfahrbar machen und somit vorbereiten.

Imagination

- Die Teilnehmenden erinnern sich im Liegen, Sitzen etc. an eine Situation, in der sie zwischen Resignation und Niederlage stehen, in der sie dazwischenschlagen, die sie verändern möchten ("Weiche von mir...").

  Hinweis
  Es ist nicht egal, ob die Imagination im Liegen oder Sitzen geschieht. Im Liegen wird das Unterbewußtsein intensiv beteiligt, im Sitzen das Bewußtsein. Hier muß der Leiter/die Leiterin der Situation entsprechend entscheiden, wie tief die angeregte Imagination gehen soll (18).

- Welches Wort liegt dann auf den Lippen? Welches ist das Wort, das ich dazu sagen möchte?

- Welche Haltung meines ganzen Körpers entspricht dieser Situation?

Auf einen Gongschlag hin rufen die Teilnehmer das Wort und gehen in ihre Haltung hinein.

Nachdem dies geschehen ist, gibt es einen Austausch zu dritt über die Situation, das Wort, die Haltung; und es gibt Gelegenheit, Momente aus der Haltung für sich selbst mit Bleistift zu skizzieren.

Skulptur

Mit der Dynamik dieser Bewegung, dieser Haltung und dem Wort gilt es nun, eine eigene *Skulptur* zu gestalten. Das dafür vorhandene Material: Draht und Ton. Aufgabe ist es, die Geste umzusetzen, mit ihr und aus ihr heraus eine Figur entstehen zu lassen. Dazu sollte genügend Zeit sein (ca. 40 Minuten).

Hier werden bewußt zwei relativ feste Materialien zur Verfügung gestellt. Der Akzent liegt in besonderer Weise auf dem Bau einer Skulptur, die auch eine größere Form bekommen kann. Mit Draht und Ton kann man in Gerüsttechnik auch größere Objekte bauen.

Ort

Die Skulpturen werden in "ihren" *Ort* gestellt. Die leitende Frage heißt: Wohin gehört diese Skulptur nach diesem gesamten Weg? Abschließend soll jeder Teilnehmende sich für eine Installation seiner Skulpturen entscheiden.

Rundgang und Phantasie

Stationen

Die so entstandenen *Stationen* mit den Orten Wüste - Tempel - Berg und den darin aufgebauten Skulpturen werden nun von allen besucht, betrachtet und gedeutet. Die Fragestellung ist dabei nicht, ob etwas "gut" oder "schlecht" ist, sondern was dabei "ins Auge springt", was die Betrachter anrührt, an welchen Stellen in der Gestaltung eine Spannung und ein Eindruck entsteht, was beeindruckt.

Poetische Verse

Die Installationen können gedanklich vertieft werden durch *poetische Verse*, die jede/r Skulpturenbauer/in für das eigene Objekt schreibt. Z.B. durch ein Haiku. Das ist eine japanische Form von Lyrik, in der nicht ein Reim den Text zur Poesie formt, sondern die Silbenstruktur, die einzuhalten ist. Ein Haiku besteht in der ersten Zeile aus fünf, in der zweiten aus sieben Silben, und in der dritten Zeile aus fünf Silben. Durch den Aufbau von fünf-sieben-fünf Silben ist es möglich, durch Probieren und Spiel mit der Sprache einen eigenen Text mit verdichtender, poetischer Qualität zu verfassen. Das gilt für Erwachsene ebenso wie für Jugendliche im Konfirmandenalter. Wenn der Bann erst einmal gebrochen ist, kann man geradezu süchtig werden nach Haiku-Formulierungen. Sie sind eine verdichtete Sprachgestalt, die leicht anzuwenden ist.

Phantasie anderer Orte

Beim Rundgang haben die Betrachter die Aufgabe, zunächst zu beschreiben und erst danach zu deuten, was sie sehen. Die Akteure, die die Skulpturen geschaffen haben, haben die Aufgabe, nun ihre Arbeitsentscheidung zu erläutern und zu phantasieren, an welchem Ort sonst in der Welt und in welcher Größe und mit welchem Material sie sich diese Skulptur auch vorstellen könnten.

Zum Abschluß dieses Bogens in der Auseinandersetzung mit der Geschichte wird der Text Matth. 4, 1-11, noch einmal gehört, während die Augen auf den verschiedenen gestalteten Orten und Skulpturen verweilen.

Ein Denkmal aus Steinen: ein Projekt

Mit diesem Ansatz wurde in einem KonfirmandInnenprojekt während der gemeinsamen Projektphase dreier Kirchengemeinden in Hamburg gearbeitet. Zeitlicher Rahmen dafür waren 4 x 3 Stunden.
Die Orte der Geschichte wurden aus Draht und Filz gestaltet, die Spuren wurden aus Ton hineingestellt.

Entscheidend war bei diesem Projekt, daß die Gruppe durch Experimentieren mit Stein-Rohlingen sich auf ein gemeinsames Gestaltungsthema einigte: Die Versuchungen Jesu wurden aufgenommen, indem nach den eigenen Versuchungen gefragt wurde. So verständigte sich diese Konfirmandengruppe auf das Thema: "Umgang mit Stärke/Schwäche". Daraus entstand ein gemeinsames Arbeitsprojekt: Der Bau eines großen gemeinsamen Denkmals zum Thema "Stark sein - schwach sein". Die Grundanordnung des Denkmals wurde in verschiedenen Variationen mit den Rohlingen aus Ytong-Steinen durchgespielt. Nachdem sich alle auf eine Grundanordnung geeinigt hatten, wurden Zeichen entwickelt, die etwas von Stärke bzw. Schwäche darstellbar machten. Die Jugendlichen waren sehr erfinderisch bei Zeichen für Stärke. Schwieriger waren Zeichen für Schwäche zu entwickeln. Dieser gedankliche Klärungsprozeß zeigte uns, daß die prägenden Bilder und Leitideen, die in uns sind, mit Stärke zu tun haben. Schwieriger ist es, an eigene Schwächen heranzukommen bzw. Situationen eigener Schwäche zu thematisieren. Schließlich aber gab es ein Arsenal von Zeichen bzw. Symbolen, die in die Rohlinge gehauen werden konnten. Es wurden einzelne Teams von jeweils zwei bis drei Teilnehmern gebildet, die sich einen Stein vornahmen und sich mit den anderen auf die Zeichen und die spätere Position ihres Steines im Gesamtarrangement einigten.

Die Zeit von drei Nachmittagen war für die Gestaltungsarbeit durchaus knapp. Nach der Klärung der Komposition und der zu verwendenden Zeichen wurde mit viel Energie an diesem Projekt gearbeitet. Zum Schluß wurde alles zusammengestellt und in der Öffentlichkeit installiert: zwischen Gehweg, Kirche und Gemeindehaus. Im Gemeindebrief 3-5/1997 "Drei dabei in Lurup" wurde dazu folgender Artikel veröffentlicht:

Neu in Lurup: ein Denkmal aus Steinen

"Stark sein - Schwach sein": Konfirmanden aus Lurup bauten ein Denkmal

Weiße Ytong-Steinblöcke, verschieden behauen und mit Zeichen versehen, stehen seit kurzem bei der Kirche Zu den Zwölf Aposteln: es ist ein Denkmal, von Konfirmandinnen und Konfirmanden aus Lurup in einem Konfirmandenprojekt gestaltet, und zeigt Symbole aus unserem Leben: Zeichen für Situationen, in denen Menschen stark sind und andere, in denen sie sich schwach fühlen.
Entstanden ist das Denkmal aus der Diskussion über die biblische Geschichte der Versuchung Jesu (Matthäus 4): In der Wüste, auf dem Berg, an dem Tempel in Jerusalem: Immer wieder wird Jesus von einer bösen Kraft in Versuchung geführt, seine Fähig-

keiten zu seinem Vorteil zu mißbrauchen.
Im Experiment mit den Stein-Rohlingen drückten die Konfirmandinnen und Konfirmanden Gefahren aus, denen wir auch heute erliegen können: die "Versuchung der Stärke". Stark sein - schwach sein wurde ihr Arbeitsthema in dem Konfirmandenprojekt.
Die jungen Menschen entwickelten Zeichen für Stärke und Schwäche. Die Steine wurden behauen. Jetzt sind sie fertig und an der Elbgaustraße 138 zu sehen: ein menschenhoher Stein mit Adler und Krone ist dabei und ein kleiner Stein, der schräg in den Boden zu versinken scheint, mit einer Träne.

Zur pädagogischen Arbeit mit gestalterischen Prozessen

Einstimmung der Gruppe

Wie bei der Präsentation von Szenen bzw. von Improvisations-Ergebnissen kommt es auch bei der Präsentation von gestalterischen Arbeiten, entscheidend darauf an, die durch schulische Zensurenpraxis eingeübte Wahrnehmung zu überspringen bzw. zu unterlaufen:

Die Jugendlichen brauchen Ermutigung, nicht zu bewerten, sondern wahrzunehmen, was sie interessant, spannend, weiterführend finden. Sie brauchen Ermutigung, eigenes Gestalten ohne innere Zensur zuzulassen. Dabei hilft ihnen alles, was ihnen eine Distanzierung von dem Ergebnis ihrer Gestaltung erlaubt. Zum Beispiel:

- Blindmalen; mit geschlossenen Augen töpfern; Reduktion des Materials.
  Dabei hilft ihnen die Auseinandersetzung mit Themen, die nicht aus ihnen heraus gewonnen werden (wie hier die Orte der drei Versuchungen). In solchen Themen sind sie scheinbar abwesend, durch den Weg der Gestaltung aber

treten sie in den Lebensraum der Fragestellung, die mit dem Thema gegeben ist, und werden darin anwesend.

Vorbereitung durch den Leiter/die Leiterin

Es gilt, in der Vorbereitung die Vielfalt eines Themenkreises als Leiter/in auszuloten. Schritte dabei:

- Welche Beziehung habe ich zu dem Thema und seinen Facetten?
- Welche Personen, Tätigkeiten, Orte, Gegenstände, Jahreszeiten etc. können in diesem Themenkomplex wichtig werden?
- Was von all dem - versuchsweise Durchdachten oder besser noch Durchprobierten - kann sinnvollerweise als Aufgabe in die mir anvertraute Gruppe gegeben werden?
- Was bietet sich an als Gestaltungsaufgabe? (In dem hier geschilderten Projekt: die Orte der Versuchungen als Ausgangspunkt)

Formulierung der Gestaltungsaufgabe

Bei der konkreten Aufgabenstellung gilt: Machbar kann alles, sinnvoll kann vieles sein, hilfreich aber ist die klare Begrenzung und Reduktion. Reduktion in der *Materialvorgabe* erleichtert die gestalterische Klarheit bei Ungeübten. Geübte lassen von selber weg (und Kunst beginnt vielleicht wirklich dort, wo man für eine Aussage nichts mehr weglassen kann). Deshalb gilt: eine überlegte Reduktion des Materials erweitert die Möglichkeiten und hilft, gestalterisches Arbeiten vor Klischeeabbildungen zu schützen. (In dem hier geschilderten Beispiel: Draht, Filz, Stein).

Was die *Zeit* betrifft, ist es sicher wichtig, den Mitwirkenden genügend Zeit zum Arbeiten einzuräumen, aber wiederum auch nicht zuviel Zeit. Es ist erfahrungsgemäß sinnvoll, einen "kreativen Druck" aufrechtzuerhalten und eine klare Zeitvorgabe für die Arbeit mitzugeben.

Gestaltung von Skulpturen

Bei der Gestaltung von Skulpturen können verschiedene Wege beschritten werden:

- o Sie können als Phantasiefiguren der behandelten Geschichte gestaltet werden.
- o Sie können durch die Frage nach eigenen Erfahrungen entstehen (z.B. ich als Verletzter/ ich als Helfender)
- o Sie können aus einem Umfeld heraus entwickelt werden (z.B. der Ort, an dem der Samariter den Verletzten findet - heute)
- o Sie können durch unterschiedliche Größe zu unterschiedlichen Aussagen und Gesprächsanlässen werden (z.B. wie groß ist der Samariter in der U-Bahn nachts?).

Betrachtung von Gestaltungsergebnissen

Bei der Betrachtung von Gestaltungsergebnissen zu Skulpturen und Installationen etc. ist es wie bei der Wahrnehmung von Improvisationsergebnissen und Spielszenen zunächst notwendig, eine Atmosphäre zu schaffen, in der es nicht um Bewertungen geht. Es geht um Beschreibungen. In der ersten Phase der Rückäußerungen geht es um eine Sammlung aller Wahrnehmungen: Was ist gesehen worden? In einer zweiten Phase - deutlich davon unterschieden - wird der Frage Raum gegeben, wie die betrachtende Gruppe das versteht, was sie gesehen hat, wie sie es deutet. Erst wenn eine Gruppe länger zusammen ist, und miteinander vertraut, kann das gestalterische Kriterium eine wirkliche Rolle bekommen: Es ist dabei immer zu beachten, daß die Konfirmandenzeit kein Kunstunterricht ist, dennoch kann auch die gestalterische Qualität, wenn eine Gruppe längere Zeit mit gestalterischen Ansätzen arbeitet, eine echte Herausforderung werden. Dabei ist die Stimmigkeit der Aussage entscheidender Maßstab. Eine gute Möglichkeit, Kritik an einer konkret angebotenen Gestaltung zu üben, ist folgendes Spiel: Ein Mitspieler formuliert eine "Laudatio", ein anderer einen "Verriß". Beides geschieht "als ob", eben im Spiel. Und doch bringen beide mit ihren Voten reale Aspekte zum Tragen.

Von der Gestaltung zur Sprache finden

In jedem Falle ist es im Sinne einer Vertiefung und Verarbeitung von Eindrücken hilfreich und sinnvoll, gestalterische Prozesse und Präsentationen schließlich zur Sprache zurückzubringen. Das kann verschiedene Formen haben:

- Einer Skulptur einen Titel geben.
- Einer Skulptur bzw. einer Figur einen Brief schreiben.
- Sich von einer Gestaltung zu einem Gedicht inspirieren lassen - das poetische Moment kann auch auf drei Worte oder auf ein Haiku konzentriert werden.
- Zu einer Gestaltung läßt sich auch die Frage stellen nach einer Geschichte, die den Konfirmanden dazu einfällt, die sie bei sich bzw. bei anderen schon einmal gesehen, erlebt haben, oder die bei ihnen Furcht ausgelöst hat.

Präsentation als Stimulanz

Die Präsentation von Arbeitsergebnissen bringt meistens eine enorme Stimulanz mit sich. Es ist ein riesiger Unterschied, ob etwas durchaus Interessantes in einer Konfirmandengruppe durchgearbeitet und gestaltet wird, aber in der Gruppe bleibt oder ob, den Ansätzen des Bibeltheaters entsprechend, die Aufgabe damit verbunden wird, es zu präsentieren: Was soll wie veröffentlicht werden? Diese Frage führt noch einmal auf einer anderen Ebene und in einer Zuspitzung zu einer Klärung der Inhalte, um die es bei dem Gestalten ging. Welcher Raum ist geeignet? Was bräuchte der Raum noch, oder was dürfte in dem Raum nicht vorhanden sein, wenn die Gestaltung wirken soll? Welcher Zeitpunkt ist sinnvoll? Muß eine Erklärung hinzugefügt werden, oder welche Form von Erläuterung ist notwendig? Wollen wir werben für unsere Veröffentlichung und unsere Präsentationen? Kann man das Ganze verbinden mit einem festlichen Anlaß?

Gottesdienste, Gemeindehäuser, öffentliche Wege - es gibt viele Orte und viele Anlässe, an denen Ergebnisse gestalterischer Arbeit der KonfirmandInnen präsentiert werden können.

"Wer kann schon fordern,
was ein andrer nicht empfindet...
sag mir, daß etwas ist,
daß ich was bin !"

Peter Rühmkorf

Das Thema einer Konfirmandengruppe herausfinden und in Beziehung zu einem biblischen Text setzen

Vier Ecken schreiben - Exkursion - Erspielen

Überlegung

Grundsätzlich kann *alles zum Ausgangspunkt* für eine gemeinsame Arbeitsphase in der Konfirmandenzeit werden. Spray - Motive an einer Häuserwand gegenüber des Gemeindehauses, genauso wie das Gefühl eines Konfirmanden, Außenseiter zu sein. Eine Idee, eine Anregung, eine besondere Stimmung, ein bemerkenswertes Erlebnis, ein Problem, ein Gegenstand, der in die Gruppe mitgebracht wird (19). Voraussetzung ist die Bereitschaft, solche möglichen Ausgangspunkte wahrzunehmen und ihnen Aufmerksamkeit und Zeit zu schenken.

Öfter gibt es auch Situationen, in denen *bestimmte Themen sich einfach aufdrängen.* Sie müssen nicht erst herausgefunden werden, sondern liegen auf der Hand. Das können Erlebnisse sein, die viele in der Gruppe betreffen, oder ein Problem, das vollkommen unabweislich im Raum ist.

Beispiele: Ein Konfirmand hat versucht, sich das Leben zu nehmen und liegt im Krankenhaus. Das eine ist, diesen Jungen im Krankenhaus zu besuchen, mit seinen Eltern und den Lehrern zu sprechen. Das andere ist, dieses "Thema" in der Gruppe anzusprechen, die Betroffenheit aufzugreifen und ein Stück weit zu bearbeiten (20).

Oder: Konfirmanden fühlen sich durch eine Gruppe gewaltbereiter Jugendlicher auf dem Schulhof und in der Einkaufsstraße ernsthaft bedroht. Wie kann das gehen - sich zu schützen gegen eine "Gang"? Solche Themen, die als aktuelle Problemstellungen in einer Gruppe auf der Hand liegen, erfordern unsere Wachheit und Aufrichtigkeit, unsere Teilhabe und Seelsorge. Manchmal lassen sie sich weiterführen in eine Arbeitsphase, in der das Thema vertiefend behandelt wird (21).

In der Regel aber sind Themen, die in einer Gruppe als Fragestellungen vorhanden sind, nicht einfach offenkundig. Solche verborgenen Themen etwa auf einem Fragebogen zu erheben wollen, ist wenig hilfreich. Man wird als Antwort klassische Themenfelder erhalten, die zum Selbst-Bild aktueller Jugendszene gehören (Drogen, Sekten etc.). In diesen Antworten auf eine direkte Befragung spiegelt sich das Bedürfnis nach Aufklärung, Rat und Sicherheit. Es ist gut, diesen Themen von vornherein einen Raum in der eigenen Planung der Arbeit während der Konfirmandenzeit zu geben, und sie zu berücksichtigen im Themenplan und im Bogen des Curriculums.

Es gibt aber immer wieder Situationen, in denen es für das Zusammensein und die Arbeit mit den KonfirmandInnen wichtig ist, ihre *verborgenen Themen* wahrzunehmen und zu entdecken:

o im Lauf des Unterrichtsgeschehens,
  - wo stehen die Konfirmanden und Konfirmandinnen mit ihren eigenen Fragen?
o als Ausgangspunkt für ein eigenes Projekt,
  - wie finde ich z.B. für die Vorbereitung eines Vorstellungsgottesdienstes die Punkte, an denen die Konfirmanden und Konfirmandinnen interessiert sind, um mit ihnen dazu in einen Arbeitsprozeß einzutreten.

Hinweis
Es ist sinnvoll, für die gesamte Konfirmandenzeit Phasen zu planen, in denen die verborgenen Fragestellungen der Jugendlichen zum Thema werden. Empirische Erhebungen bestätigen den ausgeprägten Wunsch bei Pastorinnen und Pastoren, näher an den Fragen der Jugendlichen orientiert zu arbeiten (22). In einem ausgefüllten, geschlossenen Curriculum ist das nur schwer möglich. Es ist gut, "weiße Flecken" einzuplanen, offenen Raum zu ermöglichen, um das, was an eigenen Fragestellungen bei

> den Konfirmanden und KonfirmandInnen da ist, aufnehmen zu können und gemeinsam zu bearbeiten. Dazu aber braucht es mehr als nur die Bereitschaft, auf Wünsche einzugehen, die die Jugendlichen durch erstes Zurufen äußern oder auf Fragebögen schreiben.

Welche methodischen Möglichkeiten gibt es, etwas von den verborgenen Themen, die speziell für diese mir anvertrauten Jugendlichen wichtig sind, zu entdecken?

Drei verschiedene Methoden um verborgene Themen in einer Gruppe herauszufinden

I. Vier Ecken schreiben

Diese Methode ist den Ansätzen der "Leitura popular" - der Auslegung in der Befreiungstheologie Lateinamerikas - bzw. der "Rufkarte" im Kommunikationsprojekt "Gottesdienst leben" verwandt. Jede/r erhält ein Blatt Papier und einen Stift. Das Papier wird in vier Felder aufgeteilt. Ein Feld ist vorgesehen für Eintragungen über mein privates/persönliches Leben, eines für die eigene Arbeit/Schule, eines für das Umfeld, die Freunde, die Familie und ebenso eines für unsere Gesellschaft, das Leben in unserem Land und auf unserer Erde. Vier Felder - vier Ecken. Dazu wird der eigene Name in die Mitte des Blattes eingetragen als Ausdruck dafür, daß die eigene Person in Beziehung zu jedem der vier Felder steht. Alle bekommen Zeit, ihre Eindrücke in Stichworten aufzuschreiben. Impuls: "Wenn ich an mein persönliches Leben denke, fällt mir ein ..."; "Wenn ich an meine Familie denke, finde ich wichtig ..."; "Wenn ich meine Gedanken auf die Schule richte, fällt mir auf ..."; "Wenn ich auf unsere Gesellschaft sehe, denke ich an ...". Für diese eigenen Notizen in die vier Ecken des eigenen Blattes sollte genügend Zeit sein (ca. 20 min.).

Weiterarbeit: Methode 1248

Das Kürzel für diese Methode bedeutet: zuerst allein {1}, dann zu zweit {2}, schließlich zu viert {4} und zu acht {8}. Die Weiterarbeit beginnt mit

- Austausch mit einem Partner/einer Partnerin über das Geschriebene in den vier Ecken.
- Anschließend entscheidet sich jede/r für zwei Stichworte, die er/sie aus dem Selbstgeschriebenen für am wichtigsten hält.

Auf diese Weise wird eine breite gedankliche Öffnung hergestellt. Mit einem anderen aus der Gruppe ist Gelegenheit, sich auszutauschen. Die Entscheidung für zwei eigene Stichworte gibt den KonfirmandInnen die Möglichkeit, selbst zu entscheiden, womit sie sich in die weitere Gruppenarbeit hineinbegeben wollen.

Nach dieser Entscheidung jedes Einzelnen {1} ist es die Aufgabe, sich mit einem Partner {2} auf verbindende Stichworte zu einigen, in denen die eigenen Themen aufgenommen worden sind. Dasselbe geschieht anschließend zu viert {4} mit der Aufgabe, ein Plakat bzw. ein Transparent zu gestalten. Die einzelnen Vierergruppen kommen danach in einem großen Kreis zusammen. Die Plakate bzw. Transparente werden untereinander getauscht. Jetzt hat jede Vierergruppe ein fremdes Plakat mit der Aufgabe, das aus diesem Plakat herauszuwählen, was sie am wichtigsten und interessantesten finden. Dieser Schritt hilft, sich von der Beschäftigung und möglichen Fixierung auf das nur eigene erste Interesse zu lösen. Ziel ist, ein Gruppenthema zu entwickeln.

Im Plenum {8} werden die Stichworte zusammengetragen und nach Verwandtschaft zusammengestellt. Für alle sichtbar können nun Themen am Flipchart formuliert werden. Bei mehreren Themen gibt es eine Abstimmung. Die KonfirmandInnen können durch Punkte ihre Wahl sichtbar machen.

Hinweis

Dieses Verfahren bemüht sich, einen Konsens zu finden. Jede/r ist beteiligt. Man kann sich immer neu in verschiedenen Arbeitsschritten einbringen. Das bedeutet, die Themenfindung geschieht mit allen und durch alle. Das ist entscheidend, auch wenn bei der Abstimmung ein eigenes thematisches Stichwort u.U. nicht mehr zum Zuge kommt. Es ist in dem Ganzen der Themenentwicklung mit aufgehoben.

Wichtig für den Leiter/die Leiterin: Vor der Abstimmung bzw. Festlegung auf ein Thema die Stichworte mit der Gruppe gemeinsam zu übersetzen in "Sätze" bzw. in "Titel". Das klärt, wobei es bei den genannten Stichworten genauer geht.

Weiterarbeit: Biblischer Impuls

Ist ein solcher Arbeitstitel gefunden, sucht der Leiter/die Leiterin verschiedene biblische Texte, die mit diesem Thema zu tun haben. Das kann auch ein paradoxer Zugang sein.

Hilfreiche Auswahlkriterien sind dabei:

- Der biblische Text bietet eine Geschichte zu dem Thema an;
- in ihm kommen ein Konflikt und Konfliktparteien vor;
- er ist überschaubar und gut abzugrenzen;
- er ruft bei mir als Leiterin Bilder wach;
- er ist exemplarisch für Inhalte christlichen Glaubens;
- er ist nicht zu bekannt und nicht verbraucht.

Schritte vom Thema zum biblischen Impuls

- Das Thema entfalten:
  In kleinen Gruppen werden Szenen entwickelt, die den KonfirmandInnen zu dem Thema als Beispiele einfallen.

Sie werden im Plenum vorgeführt. Sie lassen sich auf ihre wesentlichen Bestandteile konzentrieren durch die Reduktion auf drei Standbilder: Anfang, Mitte, Schluß.

- o Den Text aufnehmen:
  Der gewählte Text wird in den kleinen Gruppen gelesen. Dabei geht es um folgende Fragestellungen:

  - Was wird hier erzählt?
  - Um welchen Konflikt geht es?
  - Welche Parteien sind an diesem Konflikt beteiligt?
  - Auf welcher Seite steht Gott?
  - Wie wird mit dem Konflikt umgegangen?

Ist der Konflikt, wie er in der vorliegenden Geschichte geschildert wird, deutlich, soll dazu eine Szene in der Gruppe entwickelt werden. Diese Szene wird wiederum kurz im Plenum gezeigt.

- o Der dritte Schritt ist die Verbindung der thematischen Szenen und der entstandenen Bilder zum biblischen Impuls. Leitfrage: Wenn wir von dieser Geschichte und das, was da geschildert wird, auf unser Problem/Thema sehen, was bedeutet das? Dazu ist eine dritte Szene als verbindendes Modell zu erarbeiten.

Alternativen

Im ersten Schritt werden drei Standbilder als Aussage zum Problem gebaut, im zweiten Schritt drei Standbilder zur Geschichte und ihrem Umgang mit dem Konflikt. Im dritten Schritt kann die Verbindung von beiden dadurch hergestellt werden, daß die KonfirmandInnen aus ihren ersten drei Standbildern eines ersetzen durch ein Standbild aus der Geschichte.

Die Arbeit mit Standbildern hat den Vorteil, daß sie die KonfirmandInnen zu großer Exaktheit herausfordert, und der Impuls der biblischen Geschichte in der Regel deutlich ausgeprägt zur Darstellung kommt.

Weiterarbeit

Die stehenden Bilder lassen sich

- in Bewegung setzen und miteinander verbinden.
- Die Figuren können durch die Konfirmanden einen Text bekommen.

Solche Schritte sind Vertiefungen, die die in den Bildern angelegte Aussage noch verdeutlichen.

II. Exkursion mit Gegenstandssuche

Alternative zum Vier-Ecken-Modell ist eine Exkursion. Sie bedarf keiner längeren Schreibphase und stellt einen nicht-sprachlichen Zugang für die Themenfindung her.

1. Spaziergang

Die KonfirmandInnen tun sich zu zweit zusammen. Sie werden gebeten, für maximal eine halbe Stunde einen Spaziergang zu machen.
Aufgabe: "Geht durch die Straßen, seht bewußt hin, achtet auf das, was euch berührt, auffällt, bewegt. Bringt einen Gegenstand mit, der für euch im Zusammenhang damit steht, den ihr interessant findet ..."

2. Sammlung der Gegenstände

Die Gegenstände werden auf ein dafür vorbereitetes Tuch vor der Gruppe präsentiert und in die Mitte gelegt. Die Zweierteams stellen nacheinander ihren Gegenstand vor und erzählen die Geschichte, von wo, weshalb und mit welchen Gedanken sie diesen Gegenstand mitgebracht haben.

3. Zuordnungen

Die gesamte Gruppe klärt im Gespräch, welche Gegenstände etwas miteinander zu tun haben. Dabei sind auch die Geschichten, die zu den Gegenständen erzählt werden, wichtig. Die gesamte Gruppe ist an diesen Zuordnungen beteiligt. Der Leiter/die Leiterin ist in diesem Moment Moderator. Er/sie nimmt die gedanklichen Anregungen auf, gruppiert die Gegenstände auf dem Tuch entsprechend den gemachten Vorschläge. Letzte Entscheidung über die Zuordnung eines Gegenstandes hat das Team, das ihn mitgebracht hat. Am Ende dieses Prozesses stehen für alle sichtbar thematische Zuordnungen, verdeutlicht durch die Gruppierungen der Gegenstände auf dem Tuch.

4. Überschriften
Für jede Teilgruppe von Gegenständen wird eine Überschrift gesucht.

5. Themenwahl

Die Themenüberschriften werden gesammelt, für alle sichtbar notiert und der gesamten Gruppe zur Abstimmung vorgestellt. Jeder hat zur besseren Differenzierung des Ergebnisses zwei Stimmen.

Alternative: innere Bilder

o Es ist auch möglich, eigene innere Bilder wachzurufen und sie malen zu lassen. Gute Erfahrungen haben wir gemacht mit dem Impuls: "Bilder aus dem Leben eines Jugendlichen". Nach einer Besinnungszeit mit Musik malt jede/r in der Gruppe ein Bild, zu zweit werden die Bilder besprochen und schließlich im Plenum präsentiert. Aufgabe: thematische Verbindungen herauszufinden, bis Themengruppen gefunden sind.

Alternative: Brainstorming

o Beim Brainstorming werden Assoziationen gesammelt, die auf ein Stichwort hin genannt werden, z.B. "Wir" oder "Als Jugendliche leben".

Entscheidend ist, eine *offene Ausgangssituation* herzustellen. Der Erfinder des Brainstorming, Alex Osborne, stellte dafür vier Regeln auf:
1. Kritik erst später (nach dem Brainstorming).
2. Je ungezwungener die Einfälle, desto besser.
3. Je mehr Vorschläge, desto besser, desto eher ein Treffer.
4. Auch Anregungen, wie man die Vorschläge kombinieren kann, sind zuzulassen (23).

Weiterarbeit: Das Thema entfalten

Wie ist mit den entdeckten oder durch Einigung gefundenen Themen weiter umzugehen?

Ein Thema kann in seinen Konturen deutlich gemacht werden durch

- o Rollenspiel
- o Standbilder
- o Spiel mit Tüchern
- o Plakate
- o Collagen.

Ist die Fragestellung, die für eine Gruppe mit einem Thema verbunden ist, deutlich, lassen sich zur Weiterarbeit mit einem biblischen Impuls die Schritte anschließen, die oben bereits geschildert wurden.

> *Erfahrung*
> Beispiel einer Gegenstandssammlung zur Themenfindung:
> Gefunden wurden bei einem dreißigminütigen Spaziergang zu zweit folgende Objekte:
> ein politisches Plakat; eine PKW-Radkappe, Teile eines Fahrradspiegels, ein Ananas-Rest, eine kaputte Fliegenklatsche, ein Balken mit Nagel, eine "BRAVO".
> Die Gegenstände wurden belegt mit Stichworten wie "Ein ordentliches Land", "Anna Nass", "Alles in Ordnung - ich bin unordentlich" ... Die Geschichten zu den Gegenständen führten im Gespräch auf das Themenfeld "Ordnung".
> Als gemeinsame Formulierung eines Themas wurde von allen in der Gruppe am Ende akzeptiert:
> "Scheinbare Ordnung - brüchige Zeiten" - "Angst, selbst nassgemacht zu werden".
> *Überlegung dazu:*
> Ein möglicher Textbezug kann unterschiedlich hergestellt werden: z.B. mit 1.Mose 11 (Turmbau zu Babel); 2. Samuel 11 (David und Bathseba); Teilen der Hiob-Geschichte, Matthäus 5 (Die Anti-Thesen), Johannes 8 (Jesus und die Ehebrecherin).

Arbeit am Textimpuls
Es wurde durch uns als Leiter die Geschichte 2. Samuel 11 gewählt, als eine Geschichte von Sexualität.
Leitfrage: "Was ist der Konflikt in der Geschichte? Wie gehen die Beteiligten damit um? Wie könnte sie weitergehen?" Als Aufgabe wurde gestellt, zu diesen Fragen eine Spielidee zu entwickeln. Die Spielideen wurden präsentiert und konfrontiert mit der tatsächlichen Fortsetzung der Geschichte in 2. Samuel 12, der Geschichte von Nathan: "Du bist der Mann".

III. Erspielen

Eine dritte Möglichkeit ist grundsätzlich das Spielen. Dazu hier der Aufbau einer Übung, mit der durch Spiel eine Themenfindung und thematische Klärung möglich wird.

1. Assoziationskreis

Die Konfirmandinnen und Konfirmanden legen sich auf den Rücken, mit den Köpfen zueinander im Kreis. Für die folgende Assoziationsphase ist eine möglichst offene Situation herzustellen. Es ist nicht das Ziel, ein vorgegebenes Thema zu bedenken, sondern ein verborgenes Thema der Gruppe gemeinsam herauszufinden. Offene Ausgangssituationen werden hergestellt, z.B. durch

- o Assoziationsbeginn ohne Eingabe eines Stichwortes
- o Eingabe des Stichwortes "wir"
- o Eingabe des Stichwortes "Konfirmandenzeit".

Die geäußerten Assoziationen werden von dem Leiter/der Leiterin mitgeschrieben.

2. Blitzstart

Zentrale Stichworte aus den Assoziationen werden vom Leiter/der Leiterin in einem Bewegungsspiel eingesetzt.

Spielregel:
Die Gruppe bewegt sich im Raum: Der Leiter/die Leiterin gibt das Stichwort, und alle setzen in Bewegung um, wozu sie das

Stichwort inspiriert. Bei "Stop" frieren die Bewegungen ein. Es geht darum, sich dem Stichwort unter Beteiligung aller Sinne zu nähern; die eigene Haltung ebenso wahrzunehmen wie die Gesamtatmosphäre, die in der Gruppe in diesem Moment entsteht.
Auf diese Weise werden zentrale Stichworte durchgespielt und erlebt. Am Ende hat jeder Konfirmand und jede Konfirmandin die Aufgabe, sich für ein Stichwort zu entscheiden, das für ihn/sie jetzt - nach diesem Spiel - am wichtigsten ist.

Überlegung
Schon bei dieser Übung haben alle mit den Stichworten von allen anderen Kontakt, sind nicht festgelegt auf ihre eigene Assoziation, sondern können ihr eigenes Erleben und Befinden im Bewegungsspiel bei der Wahl ihres thematischen Stichwortes jetzt miteinbeziehen.

3. Bilder zu Dritt

Die Gruppe teilt sich auf in Gruppen zu je Dreien bzw. Vieren. In diesen Teams soll zu den Stichworten, die von den Teilnehmern dieser Kleingruppen gewählt worden waren, jeweils ein Gruppenbild gebaut werden. Jede/r ist Regisseur bzw. Baumeister für das eigene Stichwort. Wenn zu einem Stichwort eine Statuengruppe fertig gebaut ist, kann der Regisseur bzw. Baumeister den einzelnen Figuren einen "Text" ins Ohr flüstern. Der "Regisseur" legt auch die Reihenfolge fest, in der diese Worte bzw. Sätze dann gesprochen werden sollen.

- Wenn eine Statuengruppe fertig gebaut ist, können sich die Figuren auch auf einen Impuls hin in Bewegung setzen und die Weiterführung ihrer Haltung in eine Bewegung spielen.
- Dies kann in den Kleingruppen probiert werden und dann im Plenum vor der Gesamtgruppe präsentiert werden. Auf diese Weise kann sich jede/r direkt mit dem eigenen thematischen Stichwort und zusätzlich mit zwei anderen Stichworten auseinandersetzen.

4. Themenwahl

Durch diese Übung können die Konfirmandinnen und Konfirmanden wahrnehmen, wieviel Ausstrahlungskraft und welche Fragen und Konflikte für sie in den verschiedenen thematischen Stichworten, die aus der Gruppe genannt wurden, enthalten sind. Ziel ist, sich nach dieser Spielerfahrung auf ein Themenfeld zu einigen, das alle in der Kleingruppe gemeinsam am stärksten interessiert. Verschiedene Kleingruppen mit verwandten Themen finden sich zusammen. Erfahrungsgemäß arbeitet schließlich die gesamte Gruppe an höchstens zwei Themen, oft an einem gemeinsam.

Weiterarbeit: Szenen-Entwicklung

Die Weiterarbeit kann direkt an die gemachte Spielerfahrung anknüpfen. So läßt sich z.B. jetzt leicht eine Szene entwickeln, in der das Thema und sein Konflikt dargestellt werden. Hilfreich für die Erarbeitung einer Szene aus einer ersten Idee sind folgende Fragen:

- Wo spielt die Szene?
- Wann spielt sie?
- Welche Merkmale haben die beteiligten Personen?
- Beim Spiel mit Sprache kann die Szene versuchsweise ganz lieb oder auch ganz aggressiv gespielt werden; das hilft, Klarheit über die in der thematischen Beispielszene angemessenen Emotionen zu finden.
- Ziel ist es, eine Szene stumm zu spielen; das hilft, die Aufmerksamkeit auf die Bewegung zu lenken und für die Handlung wichtige Bewegungselemente zu entdecken. Das hilft, diese Bewegungselemente zu präzisieren und durch sie das Thema zu entfalten.

Biblischer Impuls

Sind solche Szenen erarbeitet, können sie wieder mit dem Impuls einer biblischen Geschichte konfrontiert werden. Konfirmanden und Konfirmandinnen hilft die klare, einfache Frage:

"Was hat dieser Text der Bibel mit unserer gespielten Geschichte zu tun?" oder anders formuliert: "Was wird anders, wenn der Impuls dieses Textes in der von euch gespielten Geschichte zum Tragen kommt? An welcher Stelle träte eine Veränderung ein, und wie sähe sie aus?" Dies ist zu erarbeiten und als Szenenspiel im Plenum zu präsentieren und zur Diskussion zu stellen.

Transformation vom Spiel ins Handeln

Präsentation und Diskussion der Szenen können am Ende auf die Frage zugespitzt werden, zu welchen konkreten Aktionen dies hinführt. Impulse aus dem Spiel können unterschiedlich aufgegriffen werden.

- o Gibt es den Wunsch, bestimmte Orte, Einrichtungen etc. genauer kennenzulernen?
- o Gibt es den Wunsch, bestimmte Menschen zu besuchen oder einzuladen?
- o Gibt es die Möglichkeit, das Thema an anderen Lernorten weiterzuführen und weiter zu vertiefen (Gedenkstätten, Stadtteile, Museen, Kirchen ...)?
- o Gibt es Lust, das Erarbeitete mit gestalterischen Mitteln zu vertiefen - z. B. durch Herstellung eines Transparentes für eine Demonstration bis hin zum Bau eines Denkmals aus Steinen?

Diese Beispiele zeigen, daß gerade von den Ansätzen des Bibeltheaters her die Fortführung der thematischen Auseinandersetzung in *handlungsorientierte Projekte* unmittelbar gegeben ist (24).

ZUR AUFFÜHRUNG KOMMEN

Einführung

Beim Bibliodrama (1) bleiben die Bilder und Szenen, die bei der Arbeit mit dem biblischen Text entstanden sind, in der Gruppe. Beim Bibeltheater wird an den Standbildern und Szenen weitergearbeitet mit dem Ziel, sie öffentlich zur Aufführung zu bringen. Die Aufführung findet in den meisten Fällen im Rahmen eines Gottesdienstes statt, ist aber nicht daran gebunden.

In der Konfirmandenarbeit kann es spontan zu dem Entschluß kommen, in einem Gottesdienst zu spielen, wenn z.B. an einem Wochenende oder auch an einem Nachmittag eine gute Szene oder ein gelungenes Standbild zu einem biblischen Text entstanden ist. Es kann aber auch sehr bewußt über einen längeren Zeitraum alternativ zum üblichen Konfirmandenunterricht auf eine Aufführung hingearbeitet werden.

Die Nähe des Bibeltheaters zum Bibliodrama bedeutet, daß die Szenen und Bilder unmittelbar bzw. assoziativ zu dem biblischen Text von der spielenden Gruppe entwickelt werden. D.h. alle Aussagen zu dem Text, alle Interpretationen des Textes, die durch das Spiel geschehen, werden ebenso wie die Gestaltungsideen (beides ist ja nicht zu trennen) nicht von außen an die Spielgruppe herangetragen, sondern von ihr selber entwickelt.

Bibeltheater ist immer das Ergebnis einer Gruppenarbeit. Insofern ist es niemals eine Imitation des konventionellen Theaters. Es wird mit den kreativen, darstellerischen und intellektuellen Möglichkeiten der jeweiligen Gruppe und mit ihren Erfahrungen gearbeitet. So entstehen Bilder und Szenen, die nichts Künstliches, Aufgesetztes haben, sondern den Zuschauer anregen, sich mit ihnen auseinanderzusetzten. Dabei lassen sie dem Zuschauer die Freiheit - da die Aufführung ja die subjektive Aussage der Spieler ist - seinen eigenen Assoziationen und Gedanken nachzu-

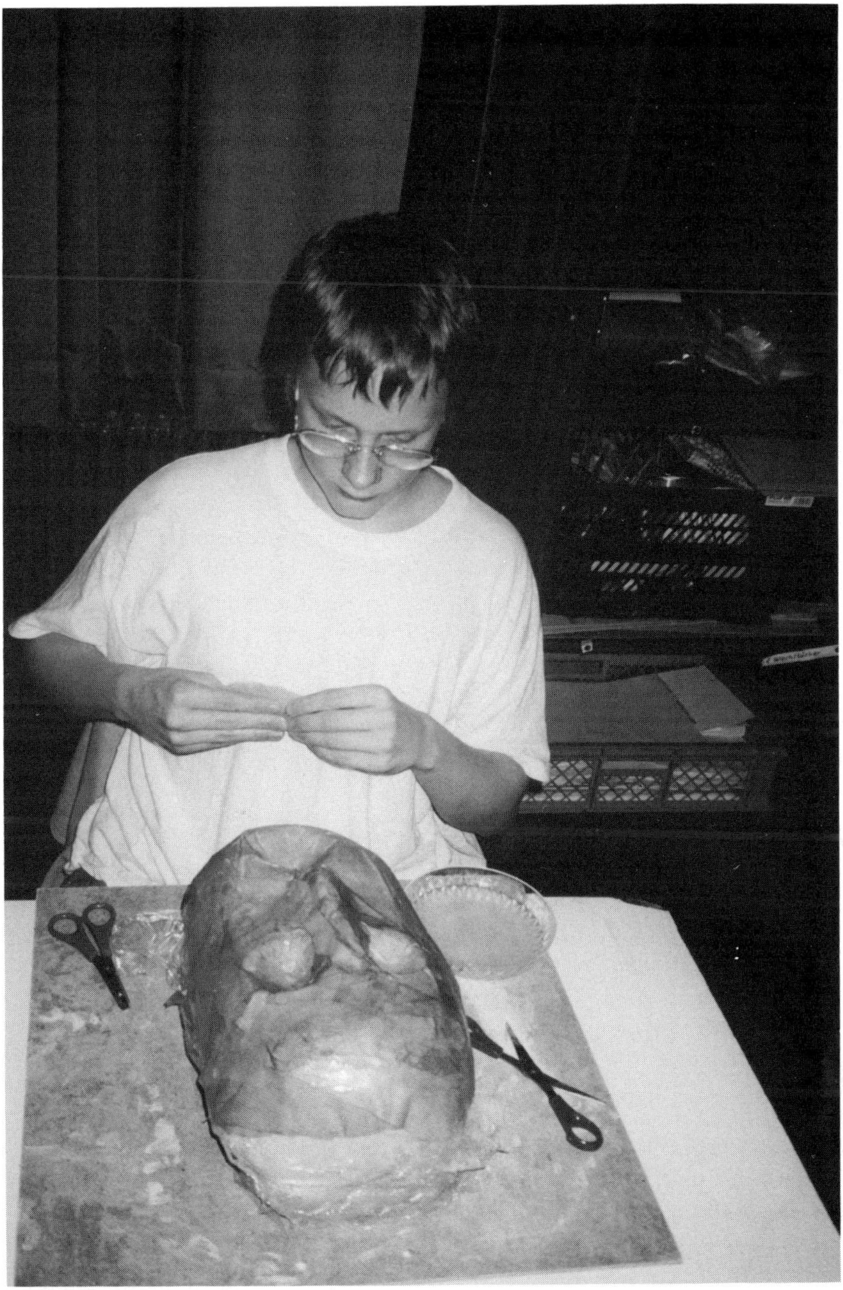

gehen. Die Verzauberung, die bei solchen Aufführungen oft zu beobachten ist, hängt u.a. sicher mit der hohen Intensität und Authentizität zusammen, die diesen Spielstücken eigen ist.

"Bibeltheater" verlangt also einen demokratischen Prozeß. Die Aufgabe des Leiters besteht im wesentlichen darin, die Arbeit mit dem Text und an den Szenen zu strukturieren, d.h. er gibt nicht Ergebnisse vor, wohl aber Themen. Die Themen stehen allerdings immer im Zusammenhang mit dem biblischen Text und mit dem jeweiligen inhaltlichen wie auch gruppendynamischen Prozeß. Der Leiter bleibt Anwalt des biblischen Textes und verantwortlich für den Gruppenprozeß.

Überlegungen zum Theaterspiel

Theaterspiel in der Konfirmandenarbeit

Beim Bibeltheater findet eine intensive Auseinandersetzung mit einer biblischen Geschichte in der Regel über einen längeren Zeitraum statt. Biblische Geschichten werden im Spiel erfahren, d.h. sie ermöglichen Nacherleben und Identifikation. Bei den Assoziationen und Gestaltungen zu den biblischen Texten fließen eigene Erlebnisse und Vorstellungen ein, d.h. es entsteht eine Beziehung zwischen dem biblischen Text und der Existenz, der Lebenswelt der Konfirmanden.

Mit den Aufführungen geht das Bibeltheater noch über die persönliche Begegnung der Konfirmanden mit den biblischen Texten hinaus. Die KonfirmandInnen bleiben nicht bei sich stehen, sondern gehen mit ihren Erkenntnissen und ihren ästhetischen Gestaltungen in die Öffentlichkeit, stellen sich den Zuschauern. Sie übernehmen Verantwortung nicht nur für das Gelingen des Spiels, sondern darüber hinaus für seine Inhalte und seine Gestaltung. Dieser Schritt macht für sie erlebbar, daß Christsein sowohl etwas mit Innerlichkeit als auch mit Verantwortung in der Welt und für sie zu tun hat.

Das Bibeltheater ist eine Form, bei der die Konfirmanden mit ihren Ideen und Fähigkeiten beteiligt und ernstgenommen werden. Das wird besonders bei der Arbeit an den Szenen sichtbar. KonfirmandInnen beteiligen sich spontan mit brauchbaren Regievorschlägen. Sie sind ja nun selber am Gelingen des Stücks interessiert. Über diese Arbeit an der gemeinsamen Aufgabe wächst die Gruppe zusammen, und die Einzelnen lernen einander mit ihren unterschiedlichen Begabungen zu akzeptieren.

Bei den Aufführungen erleben sie, daß sie selber in der Lage sind, ihre Angst vor dem öffentlichen Auftritt zu überwinden und Anerkennung nicht nur von den Erwachsenen, sondern auch von Gleichaltrigen zu erhalten. Dadurch wächst ihr Selbstwertgefühl.

Sie haben eine Grenze überschritten.

Das Spiel im Gottesdienst läßt die Konfirmanden an der Verkündigung beteiligt sein. Auch dadurch werden sie als Menschen ernstgenommen. Die Gemeinde hört und sieht ihnen mit großer Aufmerksamkeit zu. Ihre Beziehung zum Gottesdienst ändert sich dadurch. Er wird zu ihrem Gottesdienst. Sie identifizieren sich mit ihm. Die Beteiligung hilft ihnen, in das gottesdienstliche Geschehen hineinzuwachsen.

Aufführungen im Gottesdienst

Für die Gemeinde treten die KonfirmandInnen durch ihr Spiel im Gottesdienst in ganz neuer Weise in Erscheinung. Sie sind nicht die, die sich langweilen, unruhig sind und stören, sie haben stattdessen Teil an der Verkündigung, sie haben der Gemeinde etwas zu sagen. Das Spiel im Gottesdienst hat eine integrierende Funktion. Der Graben zwischen den Generationen wird zumindest für diesen Augenblick überbrückt. Da die bildhaften Szenen des Bibeltheaters je eigene Bilder und Gedanken bei den Zuschauern auslösen, können durch das gleiche Spiel Kinder, Jugendliche und ältere Menschen angesprochen und zu einer Gemeinde werden.

Für den Gottesdienst bedeutet das Bibeltheater eine große Bereicherung, nicht nur das Ohr ist beteiligt, sondern auch das Auge bekommt durch die Bilder Nahrung. Es geschieht eine andere Form der Wahrnehmung. Andere Schichten des Bewußtseins werden angesprochen. Es scheint so zu sein, daß das Sehen die Anteilnahme an dem Geschehen intensiviert.

Das setzt allerdings voraus, daß das Spiel durchdacht in den Ablauf des Gottesdienstes integriert ist und nicht durch Worte, die alles erklären und begründen wollen, totgeschlagen wird.

Das Zeitproblem

Für ein größeres Bibeltheaterprojekt in der Konfirmandenarbeit wird man einen längeren Zeitraum bis zu einem halben Jahr planen müssen. Ein solches Projekt liefe dann alternativ zu der sonstigen Konfirmandenarbeit. Das ist mit der Spielgruppe zu Beginn der Arbeit abzusprechen und die Eltern werden auch ihr Einverständnis dazu geben müssen. Es bedeutet, daß sich die Konfirmandengruppe während dieser Zeit nur mit einer biblischen Geschichte oder einigen Textstellen beschäftigt. Für andere Themen wird folglich weniger Zeit zur Verfügung stehen.

Dazu ist zu sagen: Die KonfirmandInnen befinden sich in einer Lebensphase, in der sie ausgesprochen erlebnisorientiert sind. Die Aufnahmefähigkeit für Lernstoffe ist gering. Die Beschäftigung mit *einer* Geschichte führt zumindest an einer Stelle zu einer Vertiefung, die erahnen läßt, welche Bedeutung die Bibel für die Orientierung in dieser Welt haben kann. Außerdem klingen bei einer solchen intensiven Beschäftigung mit einem Text viele andere Themen aus den Bereichen Ethik, Glauben und Hoffnung an oder auch die Gottesfrage. Es kann etwas davon erfahren werden, was die "Frohe Botschaft" bedeutet, was Rechtfertigung heißt und bewirkt.

Die Arbeit mit dem biblischen Text ist mit Gestaltungen und Bildern verbunden. Das prägt sich dem Gedächtnis tiefer ein als das gesprochene Wort allein. Eine von den KonfirmandInnen gestaltete Aufführung in einem Gottesdienst werden sie nicht vergessen.

Sie erleben Kirche und Bibel als etwas, das klärend mit ihrem Leben, mit ihrer Existenz zu tun hat, das ihnen hilft, sich in einer Gruppe zu orientieren und - im besten Fall - zu erkennen, daß sie von Gott bejaht sind.

Die Gestalt des Bibeltheaters

Bibeltheater kann als Bilder- und Bewegungstheater charakterisiert werden, d.h. die gestellten Bilder und Standbilder sind ebenso Grundelemente wie Bewegungsszenen, also solche, die durch die Bewegungen der Spielenden gestaltet werden.

Die Bewegungsszenen unterscheiden sich vom sprachlosen Rollenspiel. Bei ihnen sind die Bewegungen eindeutig. Sie stehen nicht für etwas anderes wie z.B. das pantomimische Halten einer Kaffeetasse oder das Bewegen der Lippen anstelle des Sprechens. Wenn der Arm hochgehoben wird, dann geht es um das Hochheben des Armes. Falls Kaffee getrunken werden soll, nehmen wir eine Tasse als Requisit. Geht es um Worte, werden sie gesagt und nicht durch Bewegung ersetzt.

Bei der Sprache sind wir allerdings sehr zurückhaltend. Den KonfirmandInnen fällt es mit Ausnahmen schwer, deutlich vor einem größeren Publikum zu sprechen. Bewegungsszenen sind außerdem in der Regel sehr verdichtete Darstellungen, so daß für Dialoge kein Raum ist, und wir die Sprache auf einzelne Worte oder kurze Sätze beschränken.

Allerdings verlangt dann die Verdichtung der Szenen Assoziationshilfen für die Zuschauer. Wir arbeiten gern mit einem Sprecher oder einer Sprecherin, der/die zu den Szenen die jeweiligen Bibelstellen liest oder erzählt bzw. einen von der Gruppe erstellten Text spricht.

Ein Spielstück entsteht

Überlegung
Wie finde ich als Leiter/Leiterin die Themen, zu denen die KonfirmandInnen Bilder und Szenen gestalten sollen? Es gibt unterschiedliche Möglichkeiten. Ich kann an einem Text entlanggehen und an einzelnen Sentenzen oder Stationen stehenbleiben und dazu direkt oder assoziativ Szenen entwickeln lassen.

Die KonfirmandInnen können zu der Station eines Textes, die sie am meisten anspricht, ein Bild malen. Werden zu einer Station mehrere Bilder gemalt, wird daran deutlich, daß dort für die Konfirmanden ein Schwerpunkt liegt, der sie beschäftigt. Ich muß das Thema dieser Station verständlich formulieren, in unsere Welt hinein übersetzen. Dazu entwickeln dann die KonfirmandInnen Szenen.

> *Erfahrung*
> Bei der Geschichte vom sinkenden Petrus blieben sie bei der vorlauten Anfrage des Petrus stehen und bei seinem wortwörtlichen "Reinfall". Das Thema für die Gruppenarbeit lautete: "Denkt an eine Situation, in der sich einer viel zutraut und dann versagt. Gestaltet dazu eine Szene."

Will ich selber das Thema zu einer Geschichte vorgeben, frage ich nicht nach dem Skopus der Geschichte, sondern nach einem Focus, nach einem Brennpunkt: Wo ist ein Problem, ein Konflikt, eine offene Frage? Bei der Geschichte von der Syrophönizierin ist es z.B. neben anderem ihr Wunsch, unbedingt etwas für ihre Tochter und damit auch für ihr eigenes Elend zu tun und das Erleben, daß sie zunächst sehr massiv mit ihrem Anliegen auf Mauern stößt.

In einzelnen Beispielen soll beschrieben werden, wie man von einer biblischen Geschichte bzw. von einem Thema aus mit unterschiedlichen Gestaltungen zu Szenen kommen kann.

Sich am Verlauf einer Geschichte orientieren

Illustration eines Textes

Der Text kann von den KonfirmandInnen nachgespielt werden. Ein normales Rollenspiel hat oft etwas sehr Laienspielhaftes im negativen Sinne. Das kann dadurch verändert werden, daß die Sprache weggelassen wird, ohne daß sie pantomimisch durch Gestikulieren oder Lippenbewegung ersetzt wird. Requisiten werden - wenn nötig - dazugenommen.

> *Hinweis*
> Neue Akzente kommen in die Auseinandersetzung mit dem Text durch die Frage an die Zuschauer innerhalb der Gesamtgruppe und an die Spieler: Welcher Titel fällt euch zu den Szenen ein?

Eine andere Möglichkeit: Die KonfirmandInnen entscheiden sich für die drei wichtigsten Momente in einer biblischen Geschichte und stellen zu jedem ein Standbild. Die Standbilder können durch Bewegung miteinander verbunden werden.

Erweiterung eines Textes

Der Text wird weitergespielt, d.h. etwa für die Geschichte vom reichen Jüngling: Wie geht es bei ihm zuhause weiter?

Es werden zusätzliche Personen eingeführt. Das könnte bei dem Gleichnis vom Schatz in dem Acker z.B. die Familie des Finders bzw. der derzeitige Eigentümer sein. Es können auch Gegenstände personalisiert werden, z.B. der verlorene Schatz im Acker. Eine weitere Möglichkeit: Es wird eine Szene zu dem "Tag danach" entwickelt. Das bietet sich bei dem Gleichnis von den Arbeitern im Weinberg (Matth. 20) an.

Sich auf einzelne Personen und Gegenstände beschränken

Einzelne Personen oder Personengruppen aus einer biblischen Geschichte können einander gegenübergestellt werden: Welche Haltung nehmen sie in einer bestimmten Situation ein? Wie ändern sich die Haltung und Beziehung der Personen zueinander durch den Fortgang der Geschichte?

Die einander gegenüberstehenden Personen können miteinander ins Gespräch kommen. Bei einer Aufführung kann die Sprache von zwei anderen SpielerInnen übernommen werden, während die beiden Agierenden nun jeweils zu den Worten ihre Haltung verändern. Eine solche Gegenüberstellung wäre z.B. denkbar zwischen Jesus und seinen Jüngern in der Erzählung der Salbung in Bethanien. Es kann aber auch zu einer Gegenüberstellung zwischen einem Menschen und einem Gegenstand kommen, wie etwa zwischen Mose und seinen Schuhen in der Erzählung von dem brennenden Dornbusch. Eine Hilfe für die Darstellung können dabei Tücher sein, z.B. bei Wasser und Wind aber auch bei einem Baum, dem brennenden Dornbusch oder bei den Perlen aus dem Gleichnis Matth. 13.

Masken

Während durch Gesichtsmasken in der Regel "Menschen hinter Masken" dargestellt werden, kommt den größeren von Tonformen abgenommenen Masken eine eigenständige Bedeutung zu. Die Person hinter der Maske spielt keine Rolle. Bei Standbildern oder kleinen Bewegungsszenen, die als Illustration zu biblischen Geschichten gestaltet werden, haben die Masken eine verfremdende Wirkung, die bei den Zuschauern neue und ungewohnte Assoziationen, Gedanken und Bilder zu altbekannten biblischen Geschichten wachrufen (2).

Von einer Frage, einer Aussage oder einem Konflikt in der Geschichte ausgehen

Überlegung

Die Ausgangssituationen in den biblischen Geschichten zeigen oft eine Frage, ein Problem oder einen Konflikt auf. In der Zachäus-Geschichte ist das z.B. die Außenseiterproblematik, in

der Weihnachtsgeschichte u.a., daß für Menschen kein Raum da ist. Die Frage an die KonfirmandInnen heißt dazu: "Woran erinnert euch das bei euch selber oder in eurer Umgebung?"
Ähnlich kann auch in größeren Zusammenhängen gefragt werden, z.B. beim Gleichnis vom Barmherzigen Samariter: "Überlegt euch eine Situation heute, in der ein Mensch Hilfe braucht. Menschen, von denen er sie erwarten könnte, bringen sie nicht, aber die Hilfe kommt von ganz unerwarteter Seite." Methodisch kann - wie in anderen Zusammenhängen - mit Standbildern gearbeitet werden, die von dem Fortgang der Geschichte her verändert werden können. Das heißt z.B. bei der Zachäus-Geschichte: Wie verändert sich euer Bild, wenn einer oder mehrere Menschen dem Außenseiter so begegnen würden, wie Jesus Zachäus begegnet ist.

Eine andere Möglichkeit

Die Szene kann - und das bringt den KonfirmandInnen meist sehr viel Spaß - als Rollenspiel gestaltet werden. Von dem Rollenspiel ausgehend können die Gruppen gebeten werden, die drei entscheidenden Momente in ihrem Spiel herauszuarbeiten und dazu jeweils ein Standbild zu stellen. Das führt zu einer Verdichtung der Aussage, von der aus dann später weiter gearbeitet werden kann.
Das assoziative Entwickeln von Standbildern oder Szenen zu einem biblischen Text ist sehr unmittelbar möglich, wenn eine kurze Sentenz vorgegeben wird, z.B. aus der Passionsgeschichte "Sie überredeten das Volk", "Und er antwortete ihnen nicht auf ein Wort" oder "Sie haben meine Kleider unter sich geteilt". Auch ein Satz, wie er bei Hesekiel 18,16 steht, regt zum Spiel an: "Sein Brot mit den Hungrigen teilen."(3)

Vorbereitung einer Aufführung

Von der Improvisation zum Spielstück

Die KonfirmandInnen können, wie gesagt, mit einer einzelnen Szene im Gottesdienst auftreten oder mit einem Standbild, das sich möglicherweise verändert und eine Situation vor und nach der Begegnung mit einer biblischen Geschichte zeigt.

Der Aufbau eines längeren Spielstückes ergibt sich wie selbstverständlich aus den improvisierten Szenen. Da diese allerdings oft unabhängig voneinander zu unterschiedlichen Stationen einer biblischen Geschichte entstanden sind, muß nach dem roten Faden gefragt werden, an dem die einzelnen Szenen bildlich gesprochen aufgehängt, aneinander gereiht werden können. Falls in den improvisierten Szenen die gleichen Personen auftreten, wird es möglich sein, das Spielstück mit einer durchgehenden Handlung zu gestalten. Es kann aber auch schon genügen, wenn nur eine Person in allen Szenen durchgehend auftritt wie z.B. in der Jona-Geschichte.

"Es ist immer schwer für den Menschen, im Leben ein einziges Ziel zu haben - im Theater ist jedoch das Ziel klar. Von der ersten Probe an ist das Ziel immer sichtbar, nicht zu weit entrückt, und bezieht jeden mit ein. Wir können viele gesellschaftliche Strukturen in Funktion sehen: der Druck einer Premiere mit ihren unverkennbaren Anforderungen bringt jene Zusammenarbeit, jene Hingebung, jene Energie und die Rücksichtnahme auf die Bedürfnisse der anderen hervor, die eine Regierung außer in Kriegszeiten noch niemals hat aufbringen können."

Peter Brook

Anders ist es, wenn die Szenen assoziativ zu verschiedenen Abschnitten der Geschichte entwickelt worden sind. Sicher wird dann das Spielstück immer den Charakter eines Bilderbogens haben. Ganz unterschiedliche Szenen sind bunt aneinandergereiht. Trotzdem bleibt die Frage nach ihrer Verbindung, nach dem roten Faden. Die thematische Verbindung kann in den Szenen selber liegen, wenn sie alle um das gleiche Thema kreisen. Sie können aber auch - durchaus in anderem Zusammenhang als in dem, in dem sie entstanden sind - der biblischen Geschichte neu zugeordnet werden. Die Geschichte selber ist dann der rote Faden für unterschiedliche Szenen und wird begleitend, deutend zu und zwischen den einzelnen Szenen gelesen.

Bei der Geschichte von dem blinden Bartimäus haben wir die "große Menge", die mit Jesus mitzieht, als durchgehendes Element gestaltet. Alle SpielerInnen, die an einer Szene mit beteiligt waren, zogen am Ende der Szene vor den jeweiligen DarstellerInnen vorbei und nahmen sie in ihrem Zug mit. Die SpielerInnen der nächsten Szene blieben zurück und bauten ihre Szene auf. Zu Beginn der Szenen wurde der dazugehörige Vers aus dem biblischen Text gelesen.

Bei der Versuchungsgeschichte haben wir eine Begleitung, eine Beobachterin eingeführt, die sich die Szenen auf der Bühne ansah und kommentierend fragend die Antworten, die Jesus dem Teufel gegeben hat, einbrachte.

Es kann aber auch schlicht ein Erzähler /eine Erzählerin das Spiel der Gruppe begleiten.

Die Arbeit am Spielstück

Sobald die Proben an dem eigentlichen Spielort - in der Regel in der Ortskirche - beginnen, wird für die KonfirmandInnen greifbar, daß sie vor der Gemeinde auftreten werden. Ihr Interesse an dem Gelingen des Spiels wächst. Sie verfolgen aufmerksam die Auftritte der anderen und helfen mit sachgemäßen Vorschlägen, die

Szenen klarer zu gestalten. Dadurch wird das Spielstück mehr und mehr zu ihrer eigenen Sache. Sie sind an der Regie beteiligt.

Bei der Vorbereitung der Aufführungen hat es sich bewährt, auf einige *Gestaltungselemente* besonders zu achten.

Es muß klar sein,

- wo die jeweils nichtbeteiligten KonfirmandInnen sitzen oder stehen,
- von woher sie zu Beginn auftreten,
- wie sie auftreten,
- auf welches Stichwort hin.

Die erste Aufstellung im Spielraum muß geübt sein. Ebenso muß der Abtritt geprobt werden. Und die Frage muß geklärt werden: Wie verhalten sich, wie stehen die KonfirmandInnen, wenn die Gemeinde applaudiert.

Es muß geübt werden, daß alle KonfirmandInnen der Spielgruppe während des Spiels *nie "privat"* sein dürfen. Das gilt besonders für die, die sich im Spielfeld befinden. Auch wenn sie gerade "nur" stehen und keine besondere Aufgabe haben, sind sie im Spiel. Ihre Aufmerksamkeit und Konzentration gehört denen, die gerade agieren. Alle selbstvergessenen Bewegungen werden weggelassen. Jede *Bewegung* geschieht *bewußt.* Sie wird ja unausweichlich zum Teil des Spiels. Bei den Bewegungen wird mit den KonfirmandInnen darauf geachtet, daß alles Überflüssige und Zufällige weggelassen wird.

Wenn ein *Bild* auf der Bühne *einfriert*, erstarrt, hilft es, wenn auch die Augen sich einen festen Punkt suchen und bei ihm verharren. Das alles dient der Konzentration, in die dann auch die Zuschauer mit hineingenommen werden.

Ein weiterer Punkt ist die *Wiederholbarkeit* der einzelnen Szenen, aller Bewegungen, die darin vorkommen. Das heißt, die Szenen und Bewegungsabläufe werden solange geprobt, bis die KonfirmandInnen sie mit ihrem Körper "auswendig" können. Das führt einerseits dazu, daß sich die KonfirmandInnen ihrer Bewegungen wirklich bewußt werden, und ist eine große Hilfe bei der Aufführung, vor der in der Gruppe ein erhebliches Lampenfieber herrscht.

Ein bekannter Hinweis ist, daß *die Blicke der SpielerInnen* nicht ins Publikum gehen, sondern darüber hinweg, außer in Fällen, bei denen dieses besonders beabsichtigt ist.

Ein weiteres Thema sind die *Tempi* im Spiel. Es wird spannungslos, wenn die SpielerInnen immer im gleichen Tempo auf- oder abtreten und sich im gleichen Tempo innerhalb des Spielraums bewegen. Unterschiedliche tempi bei den verschiedenen Szenen, aber auch innerhalb einer Szene bei der Bewegung der einzelnen SpielerInnen, beleben das Spiel.

Die Plätze in den *hinteren Sitzreihen* in den Kirchen sind oft *sichtbehindert*. Nur wenn alle SpielerInnen stehen, können sie von allen Plätzen wenigstens zum Teil gesehen werden. Trotzdem wird es kaum zu umgehen sein, daß Einzelne auch einmal im Sitzen spielen oder auf dem Boden liegen. Aber dann ist es gut, wenn die jeweilige Spielerin/der jeweilige Spieler vom Stehen aus zum Liegen oder zum Sitzen kommt und der Zuschauer wahrnehmen kann, daß dieser Spieler/diese Spielerin weiter im Spiel bleibt, auch wenn er/sie eine Zeitlang nicht zu sehen ist.

Für die endgültige Fassung des Spiels ist zu klären, welche *Texte zum Verständnis* der Szenen helfen, ohne die Zuschauer dadurch in ihren Assoziationen einzuengen.

Zwischen den einzelnen Szenen kann eine *meditative Musik* gespielt oder ein gemeinsames *Lied* von der Gemeinde gesungen werden. Ein *Handzettel* mit dem biblischen Text auf der einen und den möglichen Themen der Szenen auf der anderen Seitenhälfte kann den Zuschauern das innere Mitgehen bei dem Spiel erleichtern.

Mit dem *Bühnenbild* gehen wir sehr sparsam um. Wir spielen im Altarraum, ohne etwas zuzuhängen oder Wände aufzustellen. Ebenso sind wir mit den Requisiten zurückhaltend. Wir nehmen nur das, was unbedingt notwendig ist, zu Hilfe. Am liebsten arbeiten wir mit großen, bunten Tüchern, die sehr vielfältig zu verwenden sind. Werden in einer Szene Gegenstände wie Stuhl oder Tisch gebraucht, muß in der Vorbereitung geprobt werden, wann und wie welche Gegenstände auf- und abgebaut werden. Es wird ja nicht hinter einem Vorhang gespielt, so daß alles sichtbar ist und letztendlich zum gesamten Spiel dazu gehört.

Zum Beispiel: Petrus und Jesus

Das folgende Spielstück ist mit zwölf KonfirmandInnen in einem Zeitraum von November bis April erarbeitet worden. Dazu gehörte allerdings auch das Bauen und Gestalten der Masken, was einen erheblichen Zeitaufwand bedeutete. Das Stück wurde in mehreren Gottesdiensten und bei einem Konfirmandentag gespielt. In den Gottesdiensten stand das Spiel anstelle der Predigt.

Die biblischen Geschichten, die dem Spiel zugrunde liegen: Die Berufung des Petrus (Luk 5,1-11), der sinkende Petrus (Matth. 14, 22-33), Ankündigung der Verleumdung des Petrus (Matth. 26, 31-35), Jesus in Gethsemane (Matth. 26, 36-46), Jesu Gefangennahme (Matth. 26, 47-56), die Verleumdung des Petrus (Matth. 26, 69-75) und der Auferstandene am See Tiberias (Joh. 21, 1-14).

Die Rollen von Jesus und Petrus wurden durchgehend von zwei Spielerinnen übernommen, die der anderen SpielerInnen wechselten zwischen der Darstellung der Jünger, der Häscher und der Knechte und Mägde auf dem Hof des Hohen Rates.

Ein Sprecher begleitete das Spiel.

Das Spielstück

Liebe Gemeinde, liebe Konfirmandinnen und Konfirmanden,
ein knappes halbes Jahr haben wir uns in der Konfirmandengruppe, die heute die Predigt gestaltet, mit Petrus und seiner Beziehung zu Jesus beschäftigt. Dazu sind Masken entstanden:

Da ist einmal Jesus

> *Die Spielerin von Jesus tritt auf, hält ihre Maske vor sich, steht im Altarraum mit dem Gesicht zur Gemeinde.*

und Petrus.

Petrus tritt in der gleichen Weise auf.

Und da sind die Menschen um Jesus herum, große und kleine, junge und alte, schöne und häßliche, skurrile und eigenwillige. Sie stellen im Spiel die Jünger, die Häscher, die Jesus gefangen nehmen, die Knechte und Mägde auf dem Hof vor dem Gerichtssaal dar.

Alle anderen Spielerinnen und Spieler treten nacheinander auf und stehen mit dem Gesicht zur Gemeinde, halten die Maske vor sich.
Sobald alle stehen, setzen sie gleichzeitig ihre Masken auf.

Die erste Begegnung zwischen Jesus und Petrus fand am See Genezareth statt.
Es waren dort viele Menschen zusammengekommen, um Jesus predigen zu hören. Petrus hatte Jesus mit seinem Boot hinausgefahren, damit er für alle besser zu verstehen sei.

Von einem großen Fischfang und von dem Erschrecken des Petrus wird erzählt.

Und dann sagte Jesus zu Petrus: Komm mit mir, begleite mich auf dem Weg, auf dem ich von Gott erzählen und Menschen helfen werde.

Jesus tritt einen Schritt auf Petrus zu und winkt ihn zu sich heran.

Petrus: Ich komme, ich werde mit dir gehen.

Petrus tritt auf Jesus zu und streckt ihm die Hand entgegen. Die anderen Spielerinnen und Spieler richten ihren Blick auf das Geschehen.

Etliche Zeit später, es war schon spät am Abend, der Tag war ausgefüllt mit Begegnungen und Gesprächen mit sehr vielen Menschen. Jesus wollte allein sein, zur Ruhe kommen, um zu beten. Er schickte seine Jünger weg. Es heißt: Er trieb sie von sich. Sie sollten schon ins Boot gehen und vorfahren auf die andere Seite des Sees.

Die SpielerInnen der Jünger gehen auf die rechte Seite des Spielraums (vom Zuschauer aus gesehen). Dort sind auf einem Podest Papphocker (Kirchentagshocker) aufgebaut, die Jünger setzen sich auf die Hocker. Jesus geht auf die linke Seite der Bühne und verschwindet dort hinter der Kanzel, ist für die Gemeinde nicht zu sehen. Zwei SpielerInnen knien sich auf der linken Seite des Spielraumes, für die Gemeinde sichtbar, hin und halten ein blaues Tuch zwischen sich.

Es wurde Nacht. Wind kam auf.

Die SpielerInnen auf den Papphockern bewegen sich hin und her, so als ob sie vom Wind geschaukelt werden.

Der Wind wurde zum Sturm.

Die Bewegung wird kräftiger, die Körper biegen sich, die Hände wirbeln durch die Luft.

Die Wellen rissen das Boot hin und her. Und bedrohten die Jünger.

Die SpielerInnen erstarren in ihrer Bewegung.

Da kam Jesus in der Nacht über das Wasser auf sie zu.

Jesus kommt von der linken Seite langsam auf das Boot zu, bleibt vor dem blauen Tuch stehen.

Die Jünger sahen ihn.

Die Jünger richten den Blick auf Jesus.

Sie erschraken: Es ist ein Gespenst.

Sie reißen die Hände vors Gesicht und wenden sich zum Teil ab.

Jesus: Fürchtet euch nicht, ich bin es.

Sie lassen die Hände sinken.

Petrus stand auf: Wenn du es bist, dann sage, daß ich zu dir kommen soll.

Petrus steht auf.

Jesus: Komm.

Petrus ging auf dem Wasser.

Petrus geht langsam durch den Altarraum auf Jesus zu.

Aber dann sah er den Wind und die Wellen und sank.

Die beiden SpielerInnen, die das blaue Tuch halten, reißen dieses hoch, so daß eine Wand zwischen Jesus und Petrus entsteht. Petrus kann Jesus nicht mehr sehen, er sinkt in die Knie und streckt seine Arme aus.

Er schrie: Herr, hilf mir!

Jesus ließ ihn nicht versinken: Warum ist dein Glaube so klein, warum läßt du deinen Glauben so schnell untergehen?

Jesus schlägt das blaue Tuch mit dem rechten Arm aus den Händen der beiden SpielerInnen, so daß es zu Boden sinkt, ergreift die Hand des Petrus und zieht ihn zu sich hoch.

Jesus ging mit Petrus in das Schiff.

Jesus legt Petrus die Hand auf die Schulter und geht mit ihm zu den anderen Jüngern. Jesus bleibt in dem symbolisch dargestellten Boot stehen, Petrus setzt sich. Die SpielerInnen mit dem blauen Tuch gehen hinter die Kanzel.

Wind und Wellen beruhigten sich, es wurde ganz still.

Die Jünger fragten sich: Wer ist der? Wind und Wellen gehorchen ihm und er läßt den, der versagt hat, nicht untergehen.

Die SpielerInnen richten ihren Blick auf Jesus, der in ihrer Mitte steht. Nach dieser Szene treten die Spieler ab. Ohne Maske kommen einige SpielerInnen zurück, bauen den Spielraum um. Einige Papphocker werden zur Seite ge-

räumt, nur vier bleiben stehen.

Meditationsmusik

Wir haben gefragt, woher kennen wir das? Jemand traut sich etwas zu, ein anderer traut ihm etwas zu und er versagt.

Die KonfirmandInnen haben dazu Szenen aus ihrer Lebenswelt entwickelt. Zwei davon möchten wir Ihnen zeigen.

Die erste Szene: Mathe - Arbeit

Fünf SpielerInnen treten ohne Maske in den Spielraum. Vier von ihnen spielen SchülerInnen und setzen sich auf die vier Hocker, je zwei und zwei neben- und hintereinander. Die fünfte Spielerin spielt die Lehrerin und tritt zunächst in den Hintergrund.

Große Erwartungen an die Beste in der Klasse.

Drei Schülerinnen konzentrieren sich auf die eine, die offensichtlich die beste ist, scheinen ihr gut zuzureden, legen ihr die Hand auf die Schulter.

Gong

Die Lehrerin tritt mit Zetteln und Stiften auf und verteilt sie an die Schülerinnen. Sie tritt wieder ab, die Schülerinnen beginnen zu schreiben, nachzudenken, dabei gucken sie ganz offensichtlich von der Schülerin, die als die beste charakterisiert ist, ab.

Gong

Die Lehrerin kommt zurück und sammelt die Zettel ein. Die Schülerinnen tuscheln miteinander.

Die große Enttäuschung.

Die Lehrerin kommt zurück, teilt die Zettel aus und hält den Schülerinnen ihre Zensur entgegen. Die Zensur ist aus Pappe groß ausgeschnitten und rot angemalt. Es handelt sich um drei Fünfen und eine Vier. Die beste in der Klasse erhält eine Fünf. Die Schülerinnen sind empört, stehen auf und zeigen auf die beste, die sehr bedrückt dasitzt.

Gong

Zwei Spieler der nächsten Szene stellen eine Pinwand auf.

Meditationsmusik

Die andere Szene:

Zwei Kumpel wollen eine Wand besprayen.

Der eine sprayt die Graffitis, der andere steht Schmiere. Er soll Bescheid sagen, wenn die Polizei kommt.

Beide Spieler treten gemeinsam auf, der eine geht mit der Spraydose zu der Pinwand und fängt an, ein Graffiti zu sprayen, der andere steht auf der anderen Seite des Spielraums und guckt, ob jemand kommt.

Auf einer Trommel wird ein gleichmäßiger Rhythmus geschlagen, der immer lauter wird.

Durch den Mittelgang kommen zwei Spieler immer schneller werdend auf den Spielraum zu. Der Spieler, der Schmiere steht, läuft weg, der andere wird von den beiden gefaßt. Einer von den beiden macht sich Notizen, beide führen dann den Spieler, der gesprayt hat, ab.

Gong

Einige Tage später.

Der Sprayer und der Schmieresteher kommen aufeinander zu. Der Verpfiffene, derjenige, der sich im Stich gelassen gefühlt hat, hebt die Fäuste gegen den anderen und der schlägt die Arme vor dem Gesicht zusammen. Sie erstarren beide in dieser Haltung.

Gong

Sie treten ab.

Zwei Szenen aus der Welt der Jugendlichen: Wände bemalen und besprayen, das ist fremd für die meisten Erwachsenen. Und das Abschreiben ist sicher nichts, was wir fördern würden.
Aber es sind Szenen aus der Welt der Jugendlichen, in denen sie das Alleingelassen, das Verlassenwerden erleben.
Wir haben von diesen Situationen her in die biblischen Geschichten hineingesehen, wo Jesus dem sinkenden Petrus die Hand entgegenstreckt und ihn nicht untergehen läßt. Wir haben überlegt, wie ein solches Umgehen miteinander in den Szenen aussehen könnten, die die Jugendlichen gespielt haben.

Die Schulszene

Gong

Die Mädchen gehen noch einmal in die Position, bevor sie die Klassenarbeit zurückbekommen. Die Lehrerin tritt auf und verteilt die Noten, wieder sichtbar mit den großen Zahlen. Die Mädchen stehen wieder empört auf, aber eine stellt sich auf die Seite der besten, die versagt hatte, legt ihr die Hand auf die Schulter, dadurch verändern auch die beiden anderen ihre Haltung.

Gong

Die Szene der Jungen

Die Jungen beginnen noch einmal die Szene, in der der Sprayer und der, der ihn alleingelassen hat, sich am nächsten Tag begegnen. Sie gehen aufeinander zu und wieder hebt der, der gesprayt hat, seine Faust. Der andere schlägt seine Hände vors Gesicht, aber der Sprayer läßt langsam seine Faust sinken, daraufhin nimmt auch der andere Junge seine Hände vom Gesicht. Beide gucken sich an und setzen sich dann wieder auf ihren Platz.

Wir könnten natürlich sagen, daß hier viel mehr passieren müßte, als daß nur eine Faust sinkt. Hier müßte grundsätzlich ganz vieles verändert werden. Aber in dieser kleinen Situation und in dieser kleinen Aktion beginnt das, was Gott will, daß nämlich ein Mensch seine Faust sinken läßt. Hier kann etwas Neues beginnen, vorher war Feindschaft da, und jetzt ist da Vergebung.

Und bei den Mädchen: eine stellt sich auf die Seite derer, die von den anderen angegriffen wird, und vieles wird neu. Wo das geschieht, geschieht das, was Gott will. Wo das geschieht, wird sichtbar, wie Gott zu uns Menschen steht. Wo das geschieht, wird der ewige Kreislauf von Vergeltung und Wiedervergeltung durchbrochen, und es leuchtet ein Stück des Himmels auf.

Meditationsmusik

Wir kommen zu der Geschichte von Jesus und Petrus zurück.

Etliche Zeit später.

Die Jesusdarstellerin geht in den Altarraum, stellt sich in die Mitte. Die anderen Spieler und Spielerinnen stellen sich im Halbkreis um sie herum auf. Sie setzen ihre Masken auf.

Es war am Abend vor der Kreuzigung Jesu. Jesus kündigte seinen Jüngern an, daß er sterben würde, daß er gekreuzigt würde. Und er sagte ihnen, daß sie ihn alle verlassen werden.

Jesus zeigt auf seine Jünger und sieht sie dabei an.

Da sagte Petrus: Und wenn sich alle an dir ärgern. Ich werde es nicht tun.

Petrus tritt ein Stück vor, stampft mit dem Fuß auf und macht eine große Armbewegung.

Jesus: Wahrlich, ich sage dir, in dieser Nacht wirst du mich dreimal verleugnen, bevor der Hahn kräht.

Jesus tritt auf Petrus zu und sieht ihn dabei an, und hebt seine Hand.

Petrus: Und wenn ich mit dir sterben müßte, so will ich dich nicht verleugnen.

Petrus stampft noch einmal mit dem Fuß auf und macht mit beiden Armen eine weite Bewegung.

Es war Nacht, und die Jünger waren müde, zogen sich zurück, schliefen ein, und Jesus blieb allein.

Die Jünger gehen auf die rechte Seite der Bühne, setzen sich zum Teil hin, lehnen sich gegen die Wand, nehmen eine schlafende Haltung ein. Jesus bleibt in der Mitte allein stehen.

Und in derselben Nacht kamen die Häscher der Machthaber, nahmen Jesus gefangen und führten ihn ab, damit er gekreuzigt würde.

Trommelschläge

Von der linken Seite kommen zwei Spielerinnen, greifen Jesus, führen in ab zur linken Seite hinter die Kanzel, so daß die Gruppe für die Gemeinde nicht sichtbar ist.

Und die Jünger flohen alle.

Die Jünger gehen aufgeregt und im Laufschritt im Spielraum hin und her.

Gong

Die SpielerInnen erstarren zunächst und finden sich dann in drei Gruppen an verschiedenen Stellen des Spielraums zusammen. Nur Petrus bleibt auf der rechten Seite des Spielraums stehen.

Auf dem Hof vor dem Gerichtsgebäude waren viele Menschen, Knechte und Mägde der hohen Herrschaften, Neugierige und Nachbarn.

Auch Petrus war gekommen um zu sehen, was geschehen würde.

Die Grüppchen sind jeweils einander zugewandt, so, als ob sie sich über wichtige Dinge miteinander unterhalten würden. Petrus geht jetzt zwischen den Gruppen durch, bleibt bei einer Gruppe ganz links stehen.

Petrus wurde aufgehalten. Eine Magd sagte: Du bist auch einer von denen, die mit Jesus zusammengewesen sind.

Eine Spielerin aus der Gruppe zeigt deutlich auf Petrus.

Petrus: Ich weiß nicht, was du sagst.

Petrus schlägt die Hände zusammen, geht einen Schritt zurück und geht weiter zu der mittleren Gruppe.

Auch einer aus der anderen Gruppe sagte: Dieser ist doch auch einer von denen, die mit Jesus zusammen waren.

Alle aus dieser Gruppe zeigen auf Petrus.

Petrus schwor: Ich kenne den Menschen nicht!

Wieder schlägt Petrus die Hände zusammen und stampft auf den Boden. Er geht weiter zu der dritten Gruppe ganz rechts.

Er kam zu einer neuen Gruppe, und dort sagte eine Frau: Du sprichst doch die gleiche Sprache, den gleichen Dialekt wie Jesus. Daran erkennt man doch, daß du zu ihm gehörst!

Eine Spielerin aus der Gruppe gestikuliert zunächst mit ihren Händen, zeigt dann auf Petrus.

Petrus verfluchte sich und schwor: Ich kenne diesen Menschen nicht.

Petrus stampft kräftig auf, gestikuliert mit den Händen, schlägt sie sich vor das Gesicht.

Und dann krähte der Hahn, und Petrus erinnerte sich an das, was Jesus gesagt hatte. Es heißt, er ging hinaus und weinte bitterlich.

Okarinaspiel

Petrus tritt an die rechte Wand, wendet sein Gesicht zur Wand, neigt den Kopf und hält die Hände vor das Gesicht, vor die Maske.

Jesus wurde verurteilt und hingerichtet.

Die Jünger gingen in ihre Heimatorte, um wieder ihrer alltäglichen Arbeit nachzugehen.

Die SpielerInnen treten bis auf drei von der Bühne ab.

Einige waren Fischer und ihr Heimatort lag am See Genezareth .

Die SpielerInnen, die auf der Bühne geblieben sind, schieben von der linken Seite unterhalb des Altarraums ein Schiff, das Wochen vorher für eine Kindergottesdienstveranstaltung gebaut worden war, vor den Altarraum; stehen dahinter, so als ob sie sich miteinander unterhalten und Dinge besprechen.

Tage später.

Jesus kam zu ihnen, aber sie erkannten ihn nicht.

Jesus kommt von der linken Seite langsam auf die Gruppe zu. Die Jünger gucken zu ihm rüber, aber auch wieder weg, nehmen ihn nicht besonders wahr.

Jesus: Ich habe Hunger. Habt ihr zu essen?

Jesus kommt auf die Gruppe zu und streckt die Hand aus.

Sie gaben ihm Brot. Er brach das Brot und gab ihnen zu essen, und sie erkannten ihn.

Eine Spielerin holt ein Brot vom Altar und gibt es Jesus. Er bricht es und gibt es ihnen. In dem Augenblick, wo sie das Brot bekommen, treten sie einen Schritt zurück und reißen die Hände hoch, lassen sie dann aber wieder sinken und gehen auf Jesus zu.

Jesus sagte zu Petrus, der ihn dreimal verleugnet hatte: Simon Petrus, hast du mich lieb?

Jesus öffnet seine Hand fragend zu Petrus.

Petrus: Du weißt, daß ich dich lieb habe.

Petrus senkt seinen Kopf, nimmt die linke Hand an die Brust.

Jesus: Weide meine Lämmer.

Das ist: Kümmere dich um die, die zu mir gehören.

Jesus macht eine ausladende Bewegung im Blick auf die Gemeinde.

Jesus wandte sich ein zweites Mal an Petrus: Simon Petrus, hast du mich lieb?

Jesus macht eine ähnliche Bewegung wie das erste Mal.

Petrus: Du weißt, daß ich dich lieb habe.

Petrus macht eine ähnlich Bewegung wie das erste Mal.

Jesus: Weide meine Lämmer.

Jesus macht eine ähnliche Bewegung wie das erste Mal.

Und ein drittes Mal fragte Jesus Petrus, der ihn dreimal verleugnet hatte: Simon Petrus, hast du mich lieb?

Er macht die gleiche Bewegung wie die Male zuvor.

Petrus wurde traurig, denn er erinnerte sich an das, was Jesus zuvor gesagt hatte: Herr, du weißt alle Dinge, du weißt, daß ich dich lieb habe.

Petrus legt zwar die linke Hand an die Brust, aber er schaut diesmal auf.

Jesus: Weide meine Lämmer.

Jesus macht wieder die ausladende Bewegung und geht

nach links fort.

Als Jesus gegangen war, rief Petrus die, die zu Jesus gehörten, zu sich und erzählte ihnen, wie ihnen Jesus begegnet war und was er gesagt hatte.

Petrus winkt die anderen Jünger, die aus dem Spielraum herausgetreten waren, wieder auf die Bühne. Und mit wenigen Bewegungen der Arme und der Hände deutet er an, daß er ihnen etwas erzählt. Die Jünger haben sich in Zweier- und Dreiergruppen aufgestellt, in unterschiedlichen Haltungen, zum Teil legen sie einander den Arm um die Schulter, stecken die Köpfe zusammen.

Und sie alle waren bereit, weiter zu tun und zu sagen, was mit Jesus angefangen hatte und zu versuchen, in neuer Weise als Menschen miteinander zu leben und die anderen Menschen zu sehen wie Jesus, nämlich als Menschen, die man lieb behalten kann, auch wenn sie versagen.

Die Jüngergruppen wenden sich einander noch mehr zu, als sie es zuvor getan haben. Danach stellen sie sich nebeneinander in einer Reihe im Raum auf mit dem Blick in die Gemeinde hinein.

Was damals begonnen hat, ist bis heute weitergegangen. Wir alle, die wir in diesen Gottesdienst gekommen sind, haben von dieser Geschichte heute gehört, sie mit den KonfirmandInnen zusammen erlebt, sind hier als diejenigen, die genauso gefragt sind wie damals die Jünger. Und diese Konfirmanden und Konfirmandinnen, die die Geschichte für uns gespielt haben, sind Nachfolger und Nachfolgerinnen wie damals die Jünger und haben uns diese Geschichte weitergetragen in diesen Gottesdienst.

Die KonfirmandInnen nehmen die Masken von den Gesichtern, sehen in die Gemeinde hinein und gehen dann auf ihre Plätze.

Gemeindelied

INDIVIDUALITÄT UND BEHEIMATUNG ALS AUFGABE

Sechs Punkte zur Organisation und Gestalt von Konfirmandenarbeit heute

Überlegung

Individualität und Beheimatung markieren als zwei Pole das Spannungsfeld, in dem Jugendliche sich erleben: Das Bedürfnis (ja, der Zwang) zur Individualität auf der einen und die Sehnsucht (oft durch Verlust) nach Beheimatung auf der anderen Seite. Im Jugendalter, im Umbruch von einer kindlichen zur jugendlich-erwachsenen Weltwahrnehmung treten diese beiden Pole - zwischen denen wir uns in unserem Leben immer wieder bewegen - verstärkt, in aller Widersprüchlichkeit und als Suchbewegung auf (1). Leibhaft glauben lernen kann sich nur in diesem Spannungsfeld vollziehen und bedarf der Organisation und Gestaltung.

Organisation und Gestaltung können nicht dem Zufall überlassen bleiben. Sie bilden nicht nur einen äußeren Rahmen, sondern haben gerade darin eine inhaltliche Relevanz.

Wir möchten deshalb im folgenden diese Kategorien "Individualität und Beheimatung" nutzen, um zu beschreiben, was für Organisation und Gestaltung von Konfirmandenarbeit heute wichtig ist. Damit wollen wir unsere Arbeitsansätze des Bibeltheaters an dieser Stelle in Beziehung setzen zu aktuellen Fragen der Konfirmandenarbeit. Die Thesen, die dabei herausgekommen sind, nehmen bewußt das ganze Umfeld von Organisation und Zielsetzung der Konfirmandenarbeit in den Blick. In den vorangegangenen Kapiteln haben wir Grundmodelle unseres Arbeitens vorgestellt. Hier möchten wir deutlich machen, daß die *Orientierung an Elementen des Bibeltheaters* mehr ist als eine methodische Variante, sondern den *Grundbedürfnissen einer lebendigen Konfirmandenzeit* entspricht.

Die *Ansätze des Bibeltheaters können in unterschiedlicher Ausprägung* in die eigene Arbeit mit Konfirmandinnen und Konfirmanden aufgenommen werden:

- als Element im Unterrichtsgeschehen, durch das eine Geschichte bzw. ein Thema vielseitig und lebendig erschlossen wird,
- in zeitlich begrenzten Projekten,
- auf Freizeiten und an Wochenenden,
- als Arbeitsvorhaben eines längeren Ferienseminars,
- als Entscheidung für eine Arbeitsepoche: mit einem langen zeitlichen Bogen, in dem an einer Geschichte vom ersten Erleben bis hin zur Aufführung eines Szenenspiel im Gottesdienst gearbeitet wird.

Dabei ist es sinnvoll, daß für die Begegnung mit den Jugendlichen in der Konfirmandenzeit die folgenden *Leitgedanken* Berücksichtigung finden:

- Es braucht genügend Zeit füreinander.
- Es braucht in diesem großen Zeitbogen längere Zusammenkünfte.
- Bei den Zusammenkünften ist es wichtig, Elemente von Spiritualität einzuüben.
- Es ist sinnvoll, unterschiedliche Lernorte zu nutzen und unterschiedliche Personen einzubeziehen.
- Es ist notwendig, die Inhalte zu elementarisieren und an Wenigem intensiv zu arbeiten.
- Für alle wird die Konfirmandenzeit lebendiger, wenn die Basis der Beteiligung bei Vorbereitung und Durchführung erweitert wird.

Aus diesen Leitgedanken heraus sind die folgenden sechs *Thesen zu Zielen* in der Konfirmandenarbeit entstanden.

1. Ziel: Beheimatung

Wenn es uns darum geht, Konfirmandinnen und Konfirmanden so etwas wie *Beheimatung* zu ermöglichen, sie zu begleiten auf ihrem Weg als "Touristen durch das fremde Land Kirche und Gemeinde", sie zu begleiten in ihrem eigenen Umbruch von einer kindlichen zu einer jugendlich-erwachsenen Weltwahrnehmung, dann braucht es dafür *Zeit (*2).

Gemeinschaft/Gemeinde mit KonfirmandInnen zu bilden, bedarf der Kontinuität des zeitlichen Bogens über einen längeren Zeitraum. Für den regulären zweijährigen Zeitraum gibt es eine Vielzahl von organisatorisch unterschiedlichen Möglichkeiten, die in unzähligen Gemeinden mit großem Engagement genutzt werden (Stunden, Doppelstunden, Freizeiten, Praktika, Kurse, Wochenenden ...). Es gibt aber auch Modellversuche, die von dem grundsätzlich vorgegebenen zweijährigen Bogen der Begleitung abweichen. Im wesentlichen sind es zwei in ihren Ansätzen unterschiedliche Wege, die sich dabei herausgebildet haben:

- o Die einen bemühen sich um eine Begleitung der Kinder in das jugendlich/erwachsenene Alter über einen längeren Zeitraum: vom 10. bis 14./15. Lebensjahr. Es wird hier der Gedanke der *Kontinuität* vertieft und erweitert. In Anlehnung an den Hoyaer Ansatz wird versucht, bewußt in der Zeit der Kindheit einzusetzen, in einer Folgezeit von zwei Jahren freiwillige bzw. verbindliche Angebote der Jugend- und Gemeindearbeit zu machen und dann im 14. Lebensjahr die zweite Phase des Konfirmandenunterrichts zur Vorbereitung der Konfirmation durchzuführen.
- o Andere Gemeinden arbeiten in Modellversuchen mit einer Komprimierung der Konfirmandenzeit: In wöchentlichen Doppelstunden, Projektzeiten, Ferienseminaren etc. wird der Konfirmandenunterricht komprimiert in einem Jahr durchgeführt, zum Teil wird das zweite Jahr durch ein

großes Sommercamp ersetzt (wie in der Braunschweigischen Kirche sehr verbreitet) (3). Hier wird von der Kategorie der *Intensität* her geplant und gehandelt.

1.1.
Wir meinen, es ist eine spannende Fragestellung für komprimierende und erweiternde Modellversuche ebenso, wie für die auf der zweijährigen Grundlage arbeitenden Gemeinden, welche unterschiedlichen Erfahrungen, welche Chancen und Probleme jeweils in der Aufgabe von so etwas wie *Beheimatung* gesehen werden und in einen Austausch zu treten darüber, was Beheimatung heißen kann.

1.2
Die Ansätze, die in diesem Buch beschrieben sind, wollen einen Schritt in diese Richtung sein. Die Mitverantwortung der Jugendlichen an den Gruppenergebnissen und das Erleben, dabei mit den anderen Gruppenmitgliedern etwas gemeinsam zu tun, schafft Gemeinschaftsgefühl. Durch die verantwortliche Beteiligung z.B. an der Gestaltung von Gottesdiensten bekommen die KonfirmandInnen ihren sichtbaren Ort im Leben der Gemeinde.

1.3
Wichtig sind darüberhinaus mögliche *"Übergänge"* von der Konfirmandenzeit in die Jugendarbeit und dazu die Klärung der Frage, welche Faktoren zu einem Gelingen von Übergängen beitragen können (personelle Verbindungen, konzeptionelle Abstimmungen etc.).

2. Ziel: Beteiligung

Wenn es darum geht, nicht nur Wissensstoff zu vermitteln, sondern wenn eigenes Erleben, Auseinandersetzen, Gestalten wie beim Bibeltheater möglich sein sollen, so macht das *längere Zusammenkünfte* notwendig. Dazu gehören doppelstündige Konfirmanden-Nachmittage und -Tage bzw. Wochenenden. *Betei-*

ligung meint, den Jugendlichen Raum geben und mit ihnen gemeinsam etwas entwickeln. Soll sich in diesem Sinne eine Arbeits-Gemeinschaft bilden können, so ist die Arbeit auf Freizeiten ein entscheidender Schlüssel. Es ist deshalb sinnvoll, Konfirmandenfreizeit-Seminare als Ersatz für Phasen wöchentlicher Gruppentreffen weiterzuentwickeln. Das ist gerade angesichts der Gründungssituation, zu der die Konfirmandenzeit zunehmend geworden ist, von großer Bedeutung (4).

3. Ziel: Geistliche Dimension erfahrbar machen

Über die beschriebenen Ansätze von "Leibhaft Glauben lernen" hinaus geht es auch darum, den KonfirmandInnen in der Konfirmandenzeit die geistliche Dimension in gewachsenen und neuen kirchlichen Formen erfahrbar zu machen. Dazu ist Einübung notwendig - "Einübung ins Christentum" als Chance zu einer "Beheimatung im Glauben".
Damit meinen wir

- Einübung von Spielregeln zum Verhalten in der Gruppe
- rituelle Formen für einen gestalteten Anfang und Abschluß der Gruppentreffen
- Einübung von Stille, Hören, Beten
- Beteiligung an Gottesdiensten/Liturgie.

4. Ziel: Individualität ermöglichen - differenzierten Realitätsbezug herstellen

"Leibhaft glauben lernen" heißt, dem Bedürfnis nach *Individualität* in der Konfirmandenarbeit Rechnung zu tragen; dafür ist es sinnvoll und wichtig u.a. *Projektphasen* in die Konfirmandenzeit zu integrieren. Sie können Begegnungen mit vielfältigen Orten, Situationen, Menschen ermöglichen. Mit ihnen werden die *Lernorte* für die Jugendlichen erweitert. Sie können einen vielfältigen Realitätsbezug und eine Vergleichsmöglichkeit herstellen, schaffen bei den Jugendlichen ein differenziertes Bild von christlicher

Identität, das ein einzelner Unterrichtender allein niemals abdecken könnte.

> ***"Es geht aber nicht darum, Identität als ein rein psychisches Problem zu sehen und dann zu fragen: Was nützen oder schaden Glaubensvorstellungen bei der Identitätsgewinnung? Sondern es geht darum, Identität selbst schon als ein theologisches Thema zu verstehen. Denn Identität ist gar nicht anders denkbar, als daß man die religiöse Dimension des Menschen mitbedenkt."***
>
> ***Hans-Jürgen Fraas***

4.1
Projektlernen kann das Bedürfnis nach *Individualität* aufgreifen und ermöglicht den Jugendlichen, ihre vorhandenen Kompetenzen (wie Fotografie, Computertechnik, Musik machen, künstlerisches Gestalten) gezielt einzubringen.

4.2.
Angemerkt sei, daß wir mit dem Projektlernen religionspädagogisch erst in den Anfängen stehen; denn es ist genauer zu entwickeln: Was wird dabei gelernt, wie wird das organisiert? (5)

5. Ziel: Christliche Tradition und Erfahrung der Jugendlichen zusammenbringen - Inhalte der Konfirmandenarbeit elementarisieren

"Leibhaft glauben lernen" bedeutet, christliche Tradition und Erfahrung der Jugendlichen im Konfirmandenalter miteinander ins Gespräch zu bringen, Geschichten, Symbole, Gewißheiten unseres Glaubens mit der Lebensgeschichte der Jugendlichen in eine gegenseitige Begegnung zu führen. Das macht es notwendig, die

Inhalte der Konfirmandenarbeit zu elementarisieren.

Das Sprichwort sagt: Weniger ist mehr. Es geht nicht um ein einfaches Reduzieren, sondern um eine Fokussierung und Zentrierung. Es geht um den Mut, dem wirklich angemessenen Raum zu geben, was als zentrales Anliegen erkannt und gesehen wird. Wenn ich an fünf Nachmittagen fünf Themen behandle, hat das eine andere Qualität, als wenn ich an fünf Nachmittagen ein Thema in verschiedener Weise - vertiefend - bearbeite. *Lernen als Prozeß der Vertiefung - das setzt eine Elementarisierung voraus.* Entscheidend ist dann nicht die Stoffmenge, sondern die Qualität, in der Grundthemen *miteinander durchgearbeitet* werden.

Die Konfirmandenzeit könnte zum Beispiel von den Sakramenten Taufe und Abendmahl her gestaltet werden. In beiden Sakramenten sind Individualität und Beheimatung unmittelbares Thema, haben Erlebniskraft, sind erfahrbar. Und dann wäre zu sehen, welche Geschichten/welche Fragen sich von daher in der gemeinsamen Arbeit erschließen.

6. Ziel: Teilhabe der Gemeinde an der Konfirmandenarbeit

Interessanterweise zeigen alle reformerischen Bemühungen in der Konfirmandenarbeit, daß die Basis der Beteiligten in der Vorbereitung und Durchführung erweitert wird (6). So wie darauf zu achten ist, daß die KonfirmandInnen am Gemeindeleben gestaltend teilhaben, bietet sich hier die Möglichkeit, daß die Gemeinde an der Konfirmandenarbeit teilhat. Die KonfirmandInnen lernen dabei unterschiedliche Typen von "Christsein" kennen. Es kommt für die Beteiligten zwar zu höherer Verbindlichkeit in der Planung; der Mehraufwand im Vorlauf wird aber durch erleichterndes Arbeiten in der Gruppensituation ausgeglichen (7).

Michael Meyer-Blank formuliert in seinem Referat "Zwischen Individualität und Beheimatung" (8): "An die Stelle des pfarramtlichen Unterrichts hat die gemeindepädagogisch verantwortete Konfirmandenarbeit zu treten. Die Mitarbeit von Jugendlichen und Eltern ist besonders wichtig, der Kontakt zu den Religionslehrern und Religionslehrerinnen ein bisher unterentwickelter Aspekt."

So kann von der Konfirmandenarbeit her *Gemeindeaufbau* geschehen. Wichtig ist dabei, nicht auf die großen Modelle zu sehen, sondern die *Frage nach Arbeitspartnern vor Ort* wahrzunehmen und anzugehen.

Anmerkungen

Grund legen: leibhaftig sein

(1) "Konfirmation am Ausgang des 20.Jahrhunderts", Texte der VELKD, März 1995, (59/1994)
hier: Michael Meyer-Blanck "Zwischen Individualität und Beheimatung. Die Lebenssituation Jugendlicher heute und die Konfirmandenarbeit", S.22 f.

(2) Vgl. Das Beste aus KU-Praxis 1 - 19, Gütersloh 1995, hier: R.Sequeira "Zur Entstehung zeitgemäßer Riten in der Konfirmandenarbeit", S.310 ff

(3) Chr.v.Lowtzow, J. W. Kremer, Neue Formen des kirchlichen Unterrichts, Gütersloh 1980, S. 153 f

(4) Hübner, Kubitza, Rohrer, Spielräume I, München 1985, S. 76

(5) ebd., S. 74

(6) Versuche VI - Bewegung in der Gruppenarbeit, Frankfurt/Main 1977, S. 15

(7) ebd., S. 15 f

(8) Wenn man sich intensiver für Bewegungsarbeit interessiert, empfehlen wir dazu:
D. Jöllenbeck, Bewegung von Kopf bis Fuß, Hamburg 1993

(9) z.B. Koppelsberger Spielkartei, Nordelbisches Jugendpfarramt, 1995 und
Le Fevre, Das kleine Buch der neuen Spiele, Mülheim 1991

(10) G. Boner, Schauspielkunst, Zürich 1988

(11) D. Jöllenbeck, a.a.O., S. 9

(12) ebd., S. 11 f

(13) Diese Übung findet sich ausführlich beschrieben in Bewegung von Kopf bis Fuß, a.a.O. S.42

(14) Den, der diesen Bereich für sich vertiefen möchte, verweisen wir auf:
I. Middendorf, Der erfahrbare Atem - eine Atemlehre, Paderborn 1985

(15) Diese Übung kann weitergeführt werden in die Gruppenübung "Stimmungen ausdrücken": Das eigene Gefühl im Gehen ausdrücken; es für sich selbst benennen; sich im Raum umsehen, ob jemand ähnlich geht; sich mit gleichen zusammenfinden und ein Stück gehen; sich trennen und das gegenteilige Befinden überlegen; langsam vom augenblicklichen in das entgegengesetzte Befinden wechseln, dieses benennen und verstärken; den Partner von vorhin suchen, mit ihm zusammengehen und beider Befinden sich gegenseitig mitteilen. (nach: Spielräume I a.a.O. S. 79)

(16) nach Spielräume I a.a.O. S. 79

(17) Spielräume I a.a.O. S. 116
(18) vgl. in der Übersicht "Ausgangssituationen und Spielideen", S.46
(19) H. Frör, Spiel und Wechselspiel, München 1987
(20) Denjenigen, der sich für den theoretischen Kontext von Spiel und Spielerfahrung interessiert, verweisen wir auf:
U. Baatz, W. Müller-Funk Hg, Vom Ernst des Spiels, Berlin 1993
H.R. Maturana, G. Verden-Zöller, Liebe und Spiel, Heidelberg 1993
J.Fritz, Theorie und Pädagogik des Spiels, Weinheim / München 1993
SPIEL in Natur und Geschichte, Alltag, Kunst und Wissenschaft, in: POIESIS 9/1996, Hrsg. v. Rudolf zu Lippe
(21) vgl. in der Übersicht "Ausgangssituationen und Spielideen", S.52
(22) nach: Koppelsberger Spielekartei a.a.O.
(23) H.P. Siebler, Chr. Riemer, Chr. Erni, M. Kuhn, Spiele ohne Sieger
(24) vgl. Spielräume I a.a.O. S. 102
(25) nach Koppelsberger Spielekartei a.a.O.
(26) vgl. Chr. von Lowtzow, J.W.Kremer, Neue Formen des kirchlichen Unterrichts, Gütersloh 1980, S. 218 (auch bekannt als "Bulle im Ring" und "Einer durchbricht den Kreis")
(27) vgl. Spielräume I, a.a.O., S. 103
(28) Aus der Sammlung: "Spiele und Arbeitsformen", PTI Bonn / Bad Godesberg 1992, S. 86
(29) An diese hier geschilderte Einheit zum Kennenlernen lassen sich hinreichend dokumentierte Projekte zur Erkundung der Gemeinde, mit Interviews von MitarbeiterInnen und GruppenleiterInnen, Erforschung des Kirchenraums und der Erwartungsklärung in der Konfirmandengruppe anschließen. Vgl. dazu KU Praxis "Anfangen"; ebenso "Konfer - normal" Nr. 4/96, Anfangen im Konfirmandenunterricht.

Spielraum entstehen lassen: mit kreativen Medien arbeiten

(1) Vgl. Kap. "Imaginationsübungen", S.57
(2) Vgl. "Jugendliche ins Spiel bringen", S.40
(3) Ebd. S.46
(4) "Spielräume für Gruppen I", S.116
(5) Christoph Riemer: Maskenbau und Maskenspiel, 1986, Moby Dick Verlag, Kiel
Christoph Riemer: Masken und andere Gesichte, 1992, Moby Dick Verlag, Kiel.
(6) Vgl. Kap. "Zur Aufführung kommen, Zum Beispiel: Petrus und Jesus", S.210
(7) s.a. U.Finke u.a.: Spielstücke für Gruppen, S.102 f.

Biblische Geschichten mit der Erlebniswelt der Konfirmandinnen und Konfirmanden in Beziehung setzen

(1) Weitere in der Praxis erprobte Modelle, die zum Teil in der Konfirmandenarbeit übertragbar sind, finden sich bei:
R.Hübner, E.Kubitza, F.Rohrer: Biblische Geschichten erleben, Reihe Gemeinde gestalten, Bd.1, Hrsg. R.Hübner u. E.Langbein, E.B.-Verlag, Hamburg 1995 und
U.Britz u.a. in Biblische Botschaft erleben, E.B.-Verlag, Hamburg 1990.

(2) Vgl. Kap. "Arbeit mit Ton", S.90

(3) Vgl. Kapitel "Bewegung mit Jugendlichen", S.33

(4) Vgl. dazu unter "Erfahrungen", 2. Mädchen und Jungen.

(5) Zur spielerischen Einführung des Mediums "Tuch": vgl. Kapitel "Das Spiel mit Tüchern", S. 86

(6) Vgl. zum Gesamtkomplex geschlechtsspezifischer Ansätze in der Konfirmandenarbeit u.a. auch "Arbeitshilfen KU 17", rpi Loccum 1992.

(7) Vgl. zum Komplex der Fragen geschlechtsspezifischer Interaktionen im Konfirmandenunterricht V. Elsenbast, "Mädchen und Jungen in der Konfirmandenarbeit", S. 461ff., in "Der evangelische Erzieher", Nr. 4, 1993.

(8) Vgl. James W. Fowler "Glaubensentwicklung - Perspektiven für die kirchliche Bildungsarbeit", München 1989.

(9) vgl. Kap."Spiel mit selbstgestalteten Figuren", S.90

(10) Vgl. Fritz Krotz, "... für uns gestorben? Zugänge zur Geschichte von der Passion Jesu", Wege des Lernens, Band 5, Neukirchen 1987
Krotz führt dies exemplarisch aus an: F.W. Foerster für die liberale Religionspädagogik; M. Rang für die Epoche der evangelischen Unterweisung; K. Wegenast für die jüngere Vergangenheit seit den problemorientierten Konzepten (a.a.O. S. 45 - 67). Für die Gegenwart stellt er fest, daß die Behandlung der Passionsgeschichte - bedingt durch die Problemorientierung - im Religionsunterricht "nicht sehr typisch" sei. Ähnliches ließe sich u.E. für den Konfirmandenunterricht feststellen.

(11) Vgl. Kap. "Bewegung mit Jugendlichen", S.29

(12) Vgl. Gert Selle: "Das ästhetische Projekt", Plädoyer für eine kunstnahe Praxis in Weiterbildung und Schule, Unna 1992.

(13) Heinrich Hoffmann: "Mit den Händen denken", Erfahrungen mit dem pädagogisch-seelsorgerlichen Einsatz von Kreativität, Offenbach 1993.

(14) Vgl. dazu "Handbuch für die Konfirmandenarbeit", herausgegeben vom Comenius-Institut in Verbindung mit dem Verein "KU-Praxis",

Gütersloh 198, S. 333 - 406.

(15) z.B. The Alan Parsons Project "The instrumental works". Arista 259237,
oder Irmin Schmidt: "Anthology", soundtracks 1978 - 1993, Spoon CD 32/33/34.

(16) Vgl. u.a. "Spiele und Arbeitsformen", Materialdienst des PTI Bonn-Bad-Godesberg, 1992.

(17) Die Orte Wüste - Tempel - Berg sind nicht nur in dieser Geschichte zentrale Orte religiöser Erfahrung, Infragestellung und Klärung. Vgl. "Orte des Glaubens" in Reiner Strunk: "Tor ins Weite", S. 175 ff, Stuttgart 1991.

(18) Vgl. Kapitel "Imaginationsübungen", S.57

(19) Vgl. dazu Die Projektmethode, K. Frey, Basel 1995, 6. Aufl., S.73 ff.

(20) Hilfreich: H. Gollwitzer, Ich frage nach dem Sinn des Lebens, Kaiser Traktate 11

(21) Hier denkbar: "Gewalt", Arbeitshilfen des RPI, Loccum, Nr. 16

(22) Ergebnisse von Umfragen zeigen dies.
Vgl. Hans-Martin Lübking, Thomas Böhme-Lischewski (Hrsg.) Engagement und Ratlosigkeit, Konfirmandenunterricht heute - Ergebnisse einer empirischen Untersuchung, Bielefeld 1995

(23) Vgl. Herstellung offener Ausgangssituationen in: Die Projektmethode, a.a.O. 76 f.

(24) Vgl. zum Thema Handlungsorientierung in der Konfirmandenarbeit: KU-Praxis 31

Zur Aufführung kommen

(1) Weiterführende Literatur zum "Bibliodrama":
G.M.Martin: Sachbuch Bibliodrama, Stuttgart 1995
G.Bobrowski: Bibliodramapraxis, Hamburg 1990
A.Kiehn u.a.: Bibliodrama, Stuttgart 1987

(2) Vgl. Kap. "Maskenbau" S.78 und "Lebende Bilder" S.66

(3) Vgl. "Das Spiel mit Tüchern", S.86.

Individualität und Beheimatung als Aufgabe

(1) M. Meyer-Blank, Zwischen Individualität und Beheimatung. Die Lebenssituation Jugendlicher heute und die Konfirmandenarbeit, in Texte aus der VELKD "Konfirmation am Ausgang des 20. Jahrhunderts" 59 / 1994 S. 13 ff

(2) Vgl. James W. Fowler, Glaubensentwicklung - Perspektiven für Seelsorge und kirchliche Bildungsarbeit, München 1989, S. 76 ff

(3) Hier ist unseres Erachtens unter dem Gesichtspunkt der Begleitung wichtig, daß die Jugendlichen mindestens ein Jahr (was ihren Lebensrhythmus und die Erlebnismöglichkeit eines Kirchenjahres betrifft) in Konfirmandenunterricht und Gemeinde teilnehmend einbezogen sind.

(4) Konfirmandenzeit wird unter gegenwärtigen Bedingungen zunehmend zu einer "Gründungssituation", d.h. die Erschließung christlicher Inhalte muß in dieser Zeit erst geleistet werden und kann weniger als früher durch andere kirchliche Vorerfahrungen bereits vorausgesetzt werden. Vgl zur Gründungssituation - insbesondere im städtischen Kontext - "Konfirmandenarbeit in der Nordelbischen Kirche" (E.Langbein) LERNORT GEMEINDE 2/94, S. 42 f

(5) Instruktiv zu dem Komplex "Projektarbeiten in der Konfirmandenzeit" ist Klaus Hahns Beitrag in KU - Praxis Nr. 31, "Offene Konfirmandenarbeit" S. 79 ff (siehe dazu auch "Konfirmandenpraktikum", KU Praxis Nr. 14, S. 70 ff).

(6) Es gibt verschiedene organisatorische Reformversuche:
- monatlicher Konfirmandenunterricht an ganzen Sonnabenden,
- wöchentlich doppelstündige Arbeit mit Freizeitseminaren einjährig
- Arbeit in Konfirmanden-Ferienseminaren (Braunschweiger Modell),
- Reformiertes Kurssystem (Landauer Modell),
- KU 4 (Arbeit mit den Ansätzen des Hoyaer Modells: vorgezogener Vorkonfirmandenunterricht im zehnten Lebensjahr, zwei Jahre Angebote zur Jugend- und Gemeindearbeit, ein Jahr Konfirmandenarbeit im 14. Lebensjahr bis zur Konfirmation).
- Arbeiten im grundlegenden zweijährigen Zeitbogen unter Nutzung unterschiedlicher Angebote (Tage, Kurse, Projekte etc.).

(7) Das ist nicht nur in Konzepten theoretisch entwickelt, sondern die Erfahrung vieler Kolleginnen und Kollegen. Ergebnisse von Umfragen zeigen dies. Vgl. Hans Martin Lübking, Thomas Böhme-Lischewski (Hrsg) Engagement und Ratlosigkeit, Konfirmandenunterricht heute - Ergebnisse einer empirischen Untersuchung, Bielefeld 1995.

(8) M. Meyer-Blank , a.a.O.

Register der Bibelstellen